气象之旅——中小学气象通识课

毋雅蓉　主编

气象出版社
China Meteorological Press

内容简介

本书讲述了星际旅行家奇奇和地球小朋友小嘉一起乘坐太空飞行器探索气象奥秘的故事。他们遨游宇宙太空领略星移斗转，穿梭天地山川观测阴晴雨雪，漫步烟火人间体悟人与自然。知识与旅行交织，友谊与成长同行，跟随他们的足迹，寒来暑往、万千气象的神秘面纱在读者面前揭开。本书语言通俗有趣、图画生动形象，讲解内容涵盖地球环境与气候、气象要素与天气现象、主要天气系统、气象灾害与防御、气象观测与预报、气象服务、气候变化与低碳生活等，适合中小学生作为了解气象科学知识的课外读物。

图书在版编目（CIP）数据

气象之旅：中小学气象通识课 / 毋雅蓉主编.
北京：气象出版社，2024. 8. -- ISBN 978-7-5029
-8212-6
　　Ⅰ. G634.73
中国国家版本馆 CIP 数据核字第 20240VH930 号

审图号：GS 京（2024）0903 号

气象之旅 —— 中小学气象通识课
Qixiang zhi Lü ——Zhong-xiaoxue Qixiang Tongshike

出版发行：气象出版社
地　　址：北京市海淀区中关村南大街 46 号　　　　邮政编码：100081
电　　话：010-68407112(总编室)　　010-68408042(发行部)
网　　址：http://www.qxcbs.com　　　　　　E-mail：qxcbs@cma.gov.cn
责任编辑：胡育峰　杨　辉　　　　　　　　终　审：张　斌
责任校对：张硕杰　　　　　　　　　　　　责任技编：赵相宁
设　　计：李姝琦
印　　刷：北京地大彩印有限公司
开　　本：787 mm × 1092 mm　1/12　　　　印　张：8
字　　数：70 千字
版　　次：2024 年 8 月第 1 版　　　　　　印　次：2024 年 8 月第 1 次印刷
定　　价：60.00 元

《气象之旅 —— 中小学气象通识课》

编 委 会

主编：毋雅蓉

编委：李姝琦　吕子立　吴　琼　郭伊宏　李水金
　　　王均平　陈　谦　张玉虎　左　雨　崔亚菲
　　　程馨琳　李永强　杨雪敏　孙富慧　慕百俊

给地球青少年朋友们的一封信

地球的青少年朋友们：

你们好！

我是外星人奇奇，身为一名星际旅行家，我最大的兴趣就是遨游太空。地球作为宇宙中醒目的"蓝星"，一直是我向往的旅行胜地，这次终于有机会来到地球，我满怀期待，激动万分。

来到这里以后，我结识了好朋友小嘉和她的姐姐瑶瑶，我们一起畅游地球，将巍峨的崇山、秀丽的江河和葱郁的丛林尽收眼底。旅行过程中，风霜雨雪、寒来暑往带来了不同的景观变化，这引起了我和小嘉对气象科学的兴趣。相信你们也一样好奇：地球上为什么会有四季变化和昼夜更替？为什么会有阴晴雨雪等天气现象？为什么近年来常有极端天气和气象灾害？人类生活和气候变化有怎样的关系……这些问题，我们在旅行中都有所解答。

我们的旅程一共分为八个阶段，跟随我们的足迹，第一阶段你们可以了解地球自转、公转与气象现象的关系；第二阶段你们可以学习大气如何运动及其如何形成；第三阶段你们可以认识气象要素及常见的天气现象；第四阶段你们可以了解锋、气旋、反气旋等常见的天气系统；第五阶段你们可以认识台风、暴雨、沙尘暴等常见的气象灾害及如何防御；第六阶段你们可以了解气象观测、气象预报的内容及流程；第七阶段你们会认识气象与人类生活的密切关系；第八阶段你们会理解人类行为对气候的重要影响。

我在地球的旅程就要开始了，快翻开这本书，在我和小嘉、瑶瑶的陪伴下开启你们的气象探索之旅吧，相信你们会对气象气候乃至地球宇宙有更加充分的了解，等到下次见面，我也会见到一个更加美丽的地球。

祝

健康成长！

你们永远的朋友：奇奇

2024 年 1 月 15 日

i

人 物 介 绍

小嘉 五年级小学生，活泼开朗，聪颖好学，热爱旅行。

奇奇 外星人，星际旅行家，慕名来到地球旅行。

瑶瑶 小嘉的姐姐，在气象观测站工作，向小嘉和奇奇讲解了很多地球上的气象科普知识。

目 录

引 言

四时迭起，
万物循生，
气象科学在其间。

跟随小嘉和奇奇，
我们将
追寻日月运行的奥秘，
感受瞬息万变的天气，
探究气象事业的前沿，
畅想天人互益的未来，
开始一场趣味盎然的
气象之旅。

第一课
走近气象科学

你好，地球居民，我是星际旅行家奇奇，我是来地球旅行的。

奇奇，你好，我叫小嘉，我想跟你一起去星际旅行。

如果你想去，就坐上我的飞行器，我们一起去看看吧。

一、气象与地球公转

地球公转

　　地球的公转，是地球按一定轨道围绕太阳转动，公转一周的时间是 1 年。由于地球公转轨道是一个近似圆形的椭圆，太阳位于其中一个焦点处，因此会出现近日点和远日点。

我还知道，地球在公转过程中，与太阳的距离会发生变化。

对，距离不同会引起四季变化。

夏至

谷雨
立夏
小满
芒种

小暑
大暑
立秋
处暑

远日点

　　地球在围绕太阳公转的椭圆轨道上距太阳最远的一点，叫作地球的远日点。地球在夏至后过远日点，通常在 7 月初，此时日地距离约为 1.521 亿千米。

春分

清明

惊蛰

雨水

立春

大寒

小寒

冬至

近日点

地球在围绕太阳公转的椭圆轨道上距太阳最近的一点，叫作地球的近日点。地球在冬至后过近日点，通常在1月初，此时日地距离约为1.471亿千米。由于地球轨道的偏心率很小，地球近日点到太阳的距离比远日点到太阳的距离只少约3%。

太阳

大雪

小雪

立冬

霜降

寒露

秋分

白露

四季变化与二十四节气

地球绕太阳公转过程中，地轴是倾斜的，与太阳的距离不断变化，造成地球的不同区域受到的日照强度、时间不同，形成了不同气候的四季变化。我国的二十四节气是根据地球绕太阳公转的轨道来划分的，视太阳从春分点出发，此刻太阳垂直照射赤道，每前进15°为一个节气，运行一周又回到春分点，二十四个节气正好360°，其日期在公历中是基本固定的。二十四节气是中国历法的独创，是我国古代科学文化的辉煌成就之一。

由于地球公转，太阳光在地球上的直射点会移动。

因此不同地区太阳辐射分布不均。

赤道平面

黄道平面（地球公转轨道平面）

南极

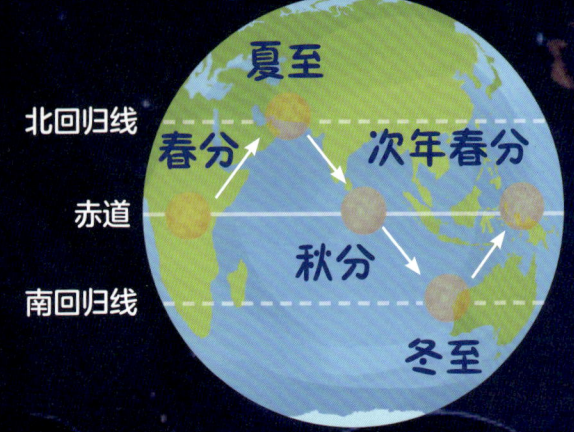

夏至

北回归线

春分

次年春分

赤道

秋分

南回归线

冬至

北回归线

北纬 23°26′ 是太阳光在北半球上直射点的最北界限，因此把这条纬线称为北回归线。

南回归线

南纬 23°26′ 是太阳光在南半球上直射点的最南界限，因此把这条纬线称为南回归线。

北极星
北极

66°34′

地轴

黄赤交角 23°26′

 黄赤交角

地球公转轨道上的每一点都在相同的平面上，这个是地球公转轨道的平面，被称为黄道平面。过地心与地轴垂直的平面叫赤道平面。黄道平面与赤道平面的交角称为黄赤交角，黄赤交角的大小基本不变，保持 23°26′。

‖太阳直射点的移动与昼夜长短变化

黄赤交角的存在使太阳直射点在南、北回归线之间往返移动。

当太阳光直射北回归线时，正值我国北方的夏至节气（6月21日前后），正午太阳在头顶正上方，北极圈内出现极昼现象，南极圈内出现极夜现象，北半球昼长夜短，南半球相反。

当太阳光直射南回归线时，正值我国北方的冬至节气（12月22日前后），南极圈内出现极昼现象，北极圈内出现极夜现象，南半球昼长夜短，北半球相反。

当太阳光直射赤道时，正值我国北方的春分（3月21日前后）和秋分（9月23日前后），南、北半球各纬度上的白昼和夜晚长度都是12小时，南、北半球接收的太阳辐射相等。

二、气象与地球自转

北

北极

地轴

西

晨
昏
线

东

奇奇，你看，地球面向太阳的地方是白天，背对太阳的地方是黑夜。

是啊，所以地球自转就使得太阳看起来是东升西落，形成了昼夜交替。

南极

南

地球自转过程中，当某一地转到背向太阳时是黑夜，面向太阳时是白天，这样就形成了各地的昼夜更替现象。昼半球和夜半球的分界线叫作晨昏线，顺着自转方向，由夜半球进入昼半球的为晨线，对应的赤道上地方时为 06 时，由昼半球进入夜半球的为昏线，赤道上的地方时为 18 时。晨昏线平面与太阳光垂直，永远平分赤道。晨昏线的移动速度与地球自转速度相同（每小时 15°）、方向相反。

地球自转

地球的自转，是地球绕其自转轴（即地轴）自西向东的转动，地球自转一周的时间是 23 小时 56 分 4 秒，约为一天 24 小时。

从南极上空观察

从南极上空看地球自转方向呈顺时针旋转。

从北极上空观察

从北极上空看地球自转方向呈逆时针旋转。

返航喽！咦，你看，那是什么？

那是受地转偏向力影响形成的台风。

北

西

东

南

‖地转偏向力与风向

地转偏向力是地球自转运动影响的结果。地球自转的线速度（即地球上某点因地球自转而经过的表面距离与所需时间的比值）各地不同，赤道处最快，从赤道向两极递减。在北半球，当气流自北向南运动，即从自转线速度较小的纬度吹向自转线速度较大的纬度，这时，气流会偏离始发时的经线而向右偏，即原来的北风逐渐转变为东北风，其他情形也是同样的道理。

地转偏向力

由于地球自转运动而作用于地球上运动质点的偏向力，叫作地转偏向力。受这个力的影响，地球表面做水平运动的物体，其运动方向会发生偏转，在北半球向右偏，在南半球向左偏。

台风

台风是发生在西太平洋和南海海域的较强热带气旋，其中心最大风力达 12 ~ 13 级。

在地球上，气流运动受地转偏向力的影响，会导致气流方向发生偏移，有可能在内部形成一个低气压区，规模足够大之后，就会形成台风。

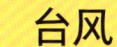
北半球

南半球

北半球的台风逆时针旋转，南半球的台风顺时针旋转。因为赤道处的地转偏向力最弱，所以赤道处一般不会形成台风。

太阳高度角

太阳光线与地平面间的夹角叫作太阳高度角。受地球自转的影响，太阳高度在一天中的不同时间发生变化，气温、物体影长随之发生着变化。

圭表

　　圭表，由"圭"和"表"两个部件组成，是度量日影长度的古代天文仪器。当太阳照到表的时候，圭上出现表的影子，根据影子的方向和长度，就能读出时间。

　　利用圭表可以确定节气：由于地球公转造成太阳直射点的南北移动，同一地点正午的表影长度在一年之内发生周期性的变化，因此根据表影长度变化规律，就可以确定二十四节气。

　　一年中，冬至日正午太阳高度最低，表影最长，夏至日太阳高度最高，表影最短。用圭表确定时间只适合北回归线及其以北的地区，其准确性受圭表的精确度及天气状况等影响较大。

表

圭

夏至

春分
秋分

冬至

北极 春分
3月21日前后

夏至
6月21日前后

北极

南极

地球公转轨道

北极

南极

北极

冬至
12月22日前后

南极 秋分
9月23日前后

地球环境与气候

一、气候带与气候类型

小嘉，上次是星际旅行，这次我们来环球旅行了。

谢谢你，奇奇，能亲眼看到不同地区的气候景观，真开心！这些景观差别真大。

是啊，这是太阳辐射、大气环流、海陆分布等多种因素影响的结果。

中国的气候

中国幅员辽阔，自北向南跨越寒温带、中温带、暖温带、亚热带、热带等不同的气候带。

华北平原、黄土高原和东北平原属温带季风气候，夏季高温多雨，冬季寒冷干燥。

长江中下游平原、东南丘陵、四川盆地、云贵高原属亚热带季风气候，夏季高温多雨，冬季温和少雨。

台湾南部、雷州半岛、海南岛以及云南南部地区属热带季风气候，全年无冬，高温多雨。

西北地区远离海洋，气候干燥，降水稀少，属温带大陆性气候。

青藏高原海拔高，冬半年遍地冰雪，夏半年凉爽宜人，是世界典型的高原山地气候。

‖中国季风区与非季风区的界限

大兴安岭—阴山—贺兰山—巴颜喀拉山—冈底斯山为我国季风区与非季风区的分界线，与 400 毫米等降水量线大致重合。

世界的气候

极地高气压带
极地东风带
副极地低气压带
西风带
副热带高气压带
信风带
赤道低气压带
信风带
副热带高气压带
西风带
副极地低气压带
极地东风带
极地高气压带

北 冰 洋
大
西
洋
太 平 洋
印 度 洋
大
西
洋

60°
30°
0°
30°
60°

热带雨林气候　热带草原气候　热带季风气候　热带沙漠气候　亚热带季风和亚热带湿润气候　地中海气候

温带大陆性气候　温带海洋性气候　温带季风气候　寒带气候　高原山地气候

17

二、大气环流

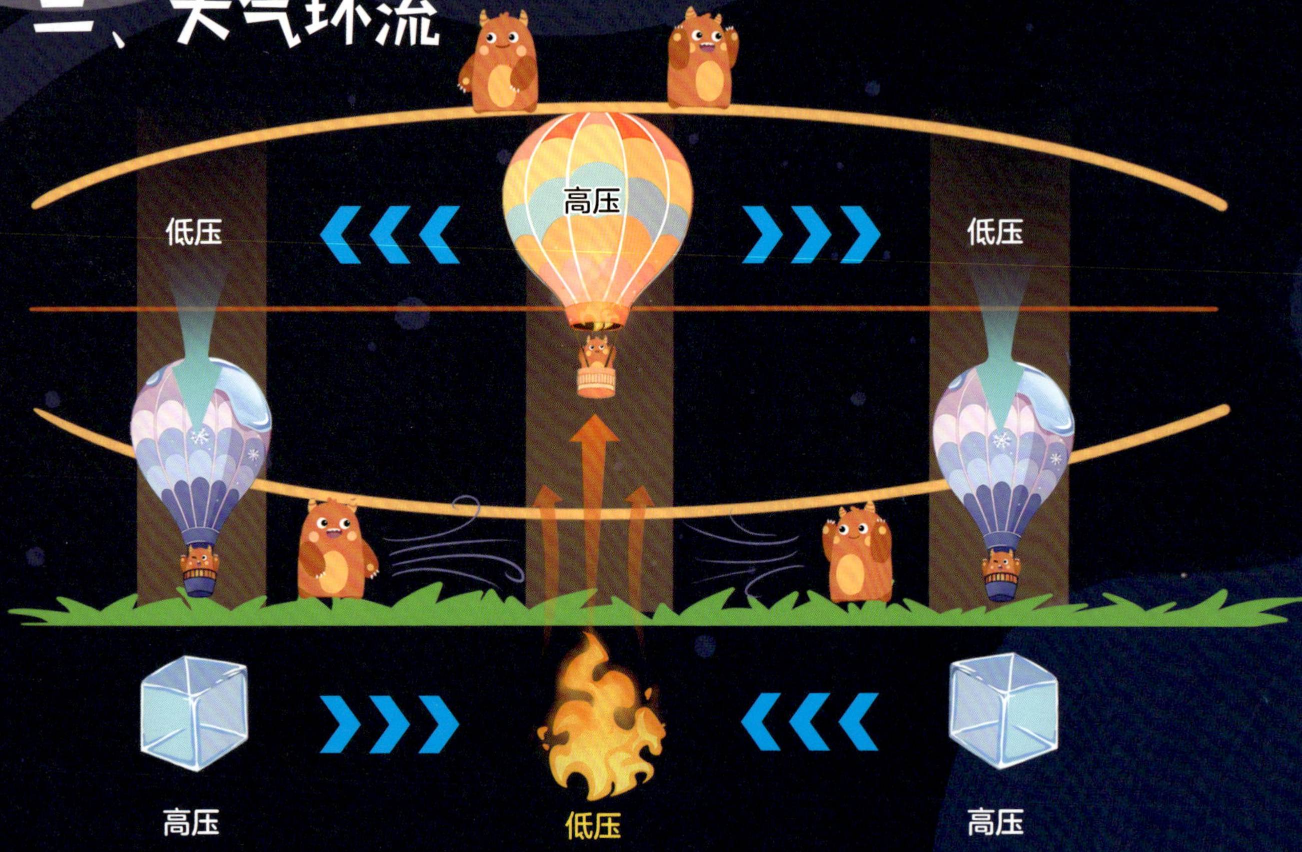

高压

低压 〈〈〈 高压 〉〉〉 低压

高压 〉〉〉 低压 〈〈〈 高压

假设地球表面是均匀的（无海陆差异），引起大气运动的因素是高低纬地表受热不均和地转偏向力所形成的大气环流，称为三圈环流，包括哈得来环流（又称信风环流圈或热带环流圈）、费雷尔环流（又称中纬度环流圈）和极地环流，这是大气环流的理想模式。以热力环流为基础，南、北半球都存在着低纬、中纬、高纬三个环流圈。因此，在近地面，共形成了 7 个气压带、6 个风带。

大气运动

想象一下热气球升空的景象。热气球会升空，是因为气球内部在加热空气，空气受热膨胀上升，热气球内部比外部密度低，在浮力的影响下热气球上升。

大气运动中存在同样的原理。太阳辐射分布不均导致不同地区气温不同，气温高的地方空气上升，气温低的地方空气下沉，这种大气的垂直运动导致同一水平面上的气压有高有低。水往低处流，空气也是如此，空气会从气压高的地方流向气压低的地方，形成大气的水平运动。这就是热力环流，是大气运动的基本形式。

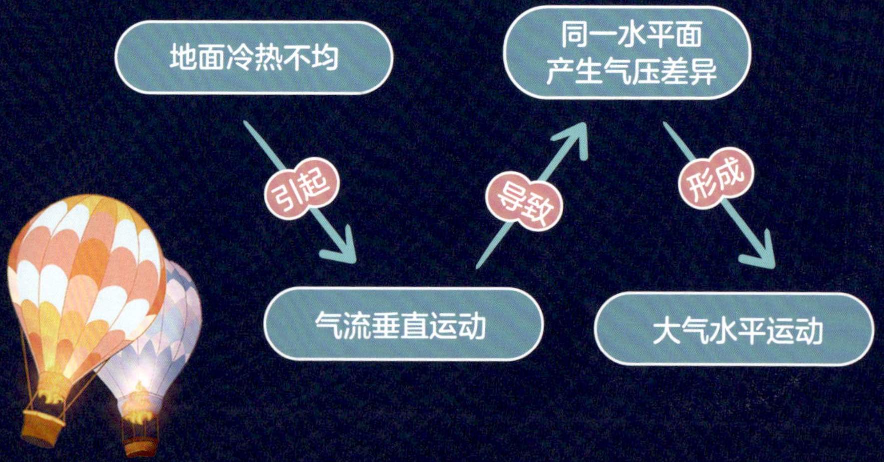

地面冷热不均 —引起→ 气流垂直运动

同一水平面产生气压差异 ←导致— 气流垂直运动

同一水平面产生气压差异 —形成→ 大气水平运动

冷

极地高气压带（寒冷干燥）

极地环流

费雷尔环流

极地东风带

干冷

副极地低气压带（低温多雨）　60°

中纬西风带

哈得来环流

暖湿

副热带高气压带（炎热干燥）　30°

低纬信风带（东北信风）

干热

赤道低气压带（高温多雨）　0°

哈得来环流

低纬信风带（东南信风）

副热带高气压带（炎热干燥）　60°

中纬西风带

费雷尔环流

副极地低气压带（低温多雨）　30°

极地东风带

极地环流

极地高气压带（寒冷干燥）

全球
"7个气压带、
6个风带"

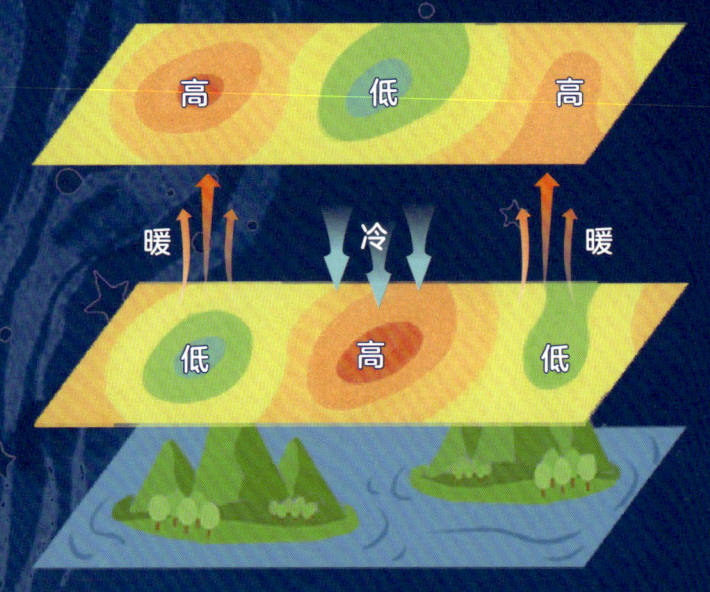

季风环流

盛行风向一年内呈现近乎反向扭转的气候现象，即冬、夏盛行风向（40%以上风频）逆转的季节风，称为季风。海陆间季风环流也简称季风，它是由大尺度的海洋和大陆间的热力差异形成的大范围热力环流。

夏季，陆地升温快，导致其上空的大气气温高，在近地面形成低压中心，海洋升温慢，其上空大气气温低，形成高压中心，从而形成由海洋指向陆地的气压梯度力，即形成从海洋吹向大陆的风，称为夏季风。

冬季则相反，陆地为冷高压、洋面为暖低压，形成由大陆吹向海洋的冬季风。

‖中国季风气候显著的原因

中国位于世界上最大的大陆——亚欧大陆的东部，东临世界上最大的大洋——太平洋。由于海洋热容量大，陆地热容量小，因此，海洋升温和降温较慢，陆地升温和降温较快，这种海陆热力性质差异，使得冬季蒙古、西伯利亚地区成为冷空气的聚集地，气压高，冷空气自高压中心区向四周辐散；夏季陆地增温迅速，气压低，而海洋气压相对较高，海洋上的暖湿气流深入内陆，最终形成了影响我国的冬季风和夏季风。

亚欧大陆

80°   90°

非季风区

120°   130°

50°   50°

大兴安岭

100°   110°

阴山山脉

40°   40°

贺兰山

太平洋

30°

冈底斯山脉   巴颜喀拉山   季风区

90°

北回归线

30°

20°

季风区

10°

非季风区

20°   20°

南海诸岛

110°   120°

110°

21

山谷风

谷风

白天

在山地区域，白天，山坡受热升温快，而山谷升温慢，暖空气沿坡上升，风由山谷吹向山坡，形成谷风。

谷风　谷风

气压高

暖空气上升

夜晚

山风　山风

气压低

冷空气下沉

山风

夜间，山坡降温快，山谷降温慢，冷空气沿坡下滑，风由山坡吹向山谷，形成山风。

环 流

海风

由于海陆表面受热不均，白天陆面增热比水面快，空气上升，形成低压，水平气压梯度由水面指向陆面，故在近地层产生由水面吹向陆面的向岸风，称为海风。

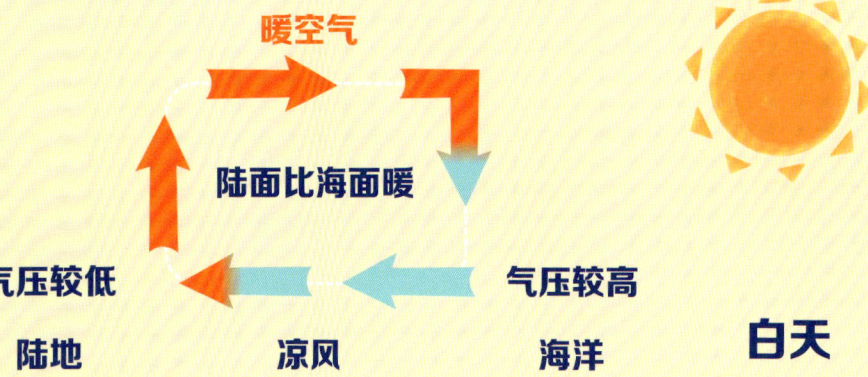

暖空气

陆面比海面暖

气压较低　气压较高

陆地　凉风　海洋

白天

夜晚

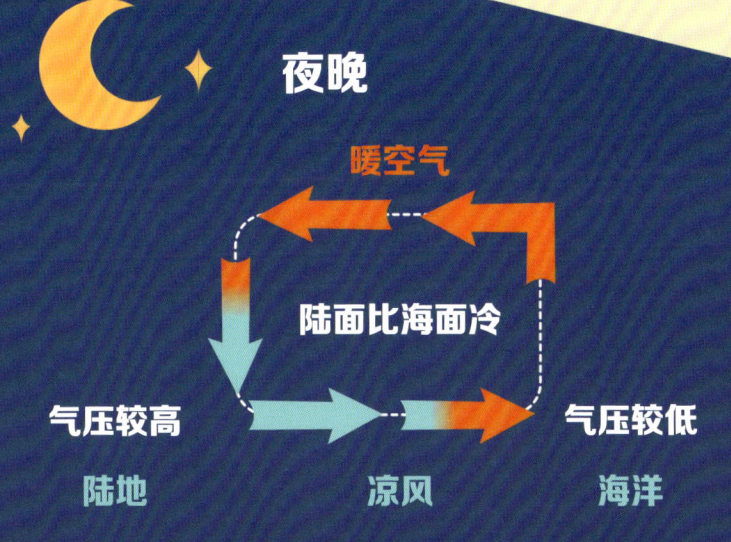

暖空气

陆面比海面冷

气压较高　气压较低

陆地　凉风　海洋

陆风

夜间，沿海的陆面降温快，海面降温慢，海面气温高于陆面，海面和附近陆面间形成与白天相反的热力环流，出现由陆面吹向海面的离岸风，称为陆风。

三、土壤和水

大海真辽阔啊！

宇宙中，我们都称地球为蓝星，因为地球看上去是蓝色的。地球表面"三分陆地、七分海洋"，大部分被海洋覆盖，这种海陆分布影响了气候，也影响了水循环。

土壤

土壤是指陆地表层具有一定肥力，能够生长植物的疏松表层，由矿物质、有机质、水分和空气四种物质组成。在特定环境因素影响下，会形成有差异的土层，划分为六个主要发生层：有机层（O）、腐殖质层（A）、淋溶层（E）、淀积层（B）、母质层（C）和母岩层（R）。

陆上内循环

蒸发和蒸腾

降水

有机层（O）

腐殖质层（A）

淋溶层（E）

陆地

淀积层（B）

母质层（C）

母岩层（R）

海陆分布图

海洋 71% 陆地 29%

地球上海洋、河流、湖泊、地下水、大气水分和冰雪是水体的主体，还有少量水分以化合水、结合水存在于各种矿物中，岩石圈深部以及生物体中也存在一定水分，这些水体共同构成水圈。海洋水体是地球水的主体，约占全球水量的97% 以上，淡水资源稀缺。

水循环

水汽输送

海陆间大循环

海上内循环

地表径流

蒸发　降水

海洋

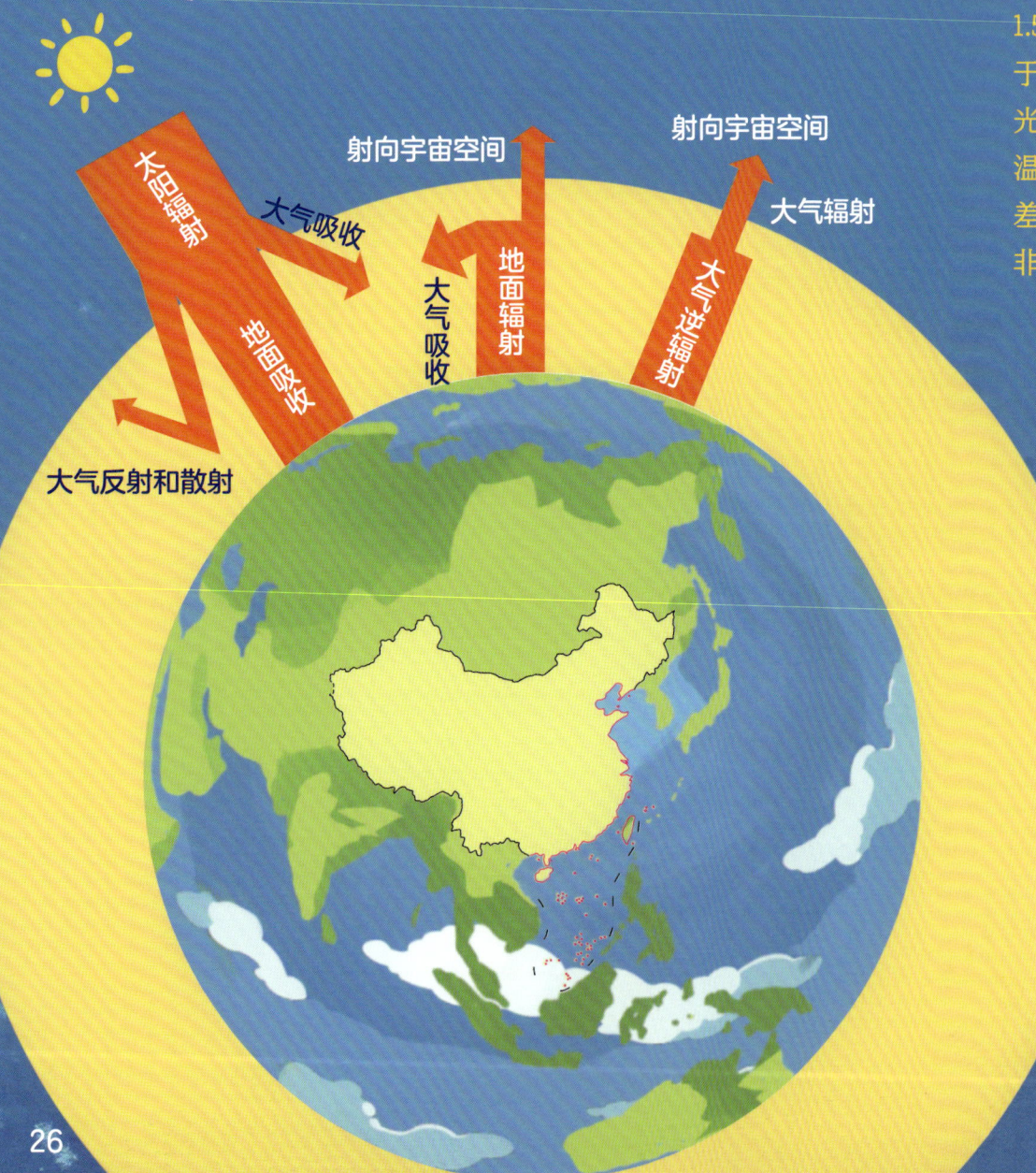

气象要素与天气现象

一、常见气象要素

太阳辐射

大气吸收

射向宇宙空间

射向宇宙空间

大气辐射

地面吸收

大气吸收

地面辐射

大气逆辐射

大气反射和散射

气温

气温是表征空气冷热程度的物理量。气象上常用的气温，是在观测场中离地面1.5米高的百叶箱中的温度表上测得的，由于百叶箱保持了良好的通风性并避免了阳光直接照射，因而具有较好的代表性。气温的差异是造成自然景观和我们生存环境差异的主要因素之一，与我们的生活关系非常密切。

‖ 影响气温的因素

太阳辐射是空气获得热量的根本来源，但大气因直接吸收太阳辐射而引起的增温并不显著，大气增温主要是大气通过地球表面的长波辐射和地—气间的热量交换获得的。天气状况、大气透明度等大气自身条件会影响气温。

此外，大气环流对热量的输送和对降水的影响，也会导致气温的变化。下垫面状况会影响气温，海陆分布、洋流、地势高低、山脉走向和坡向等对气温都有影响。人类活动如植树造林、修建水库、排放温室气体和废热等都会影响气温。

‖大气的受热过程

太阳暖大地： 大部分太阳辐射通过大气到达地面，使地面增温。

大地暖大气： 地面增温后形成地面辐射，绝大部分被大气吸收，使大气增温。

大气还大地： 大气在增温后形成大气辐射，其中向下的部分称为大气逆辐射，它把大部分热量"还"给地面。

气温日较差

气温日较差亦称气温日振幅，是一天中气温最高值与最低值之差。其大小与纬度、季节、地表性质及天气情况有关。新疆有"早穿皮袄午穿纱，围着火炉吃西瓜"的谚语，反映了当地气温日较差大的特点。

气温年较差

气温年较差也称气温年振幅，是一年中月平均气温的最高值和最低值之差。其大小与纬度、海陆分布等因素有关。

温度等级（部分）

极寒（低于 -40 ℃）

严寒（-29.9～-20 ℃）

小寒（-9.9～-5 ℃）

凉（5～9.9 ℃）

温和（14～15.9 ℃）

暖（20～21.9 ℃）

暑热（28～29.9 ℃）

奇热（35～39 ℃）

>> 湿度

湿度是表示空气干湿程度的物理量，即表示空气中所含水汽多少。在一定的温度下，一定体积的空气里含有的水汽越少，空气越干燥；水汽越多，则空气越潮湿。在此意义下，常用绝对湿度、相对湿度等物理量来表示。

气温

水汽的供应量

‖影响湿度的因素

水汽的供应量是影响湿度的因素之一。空气中的水汽主要来自降水和下垫面的蒸发。

和水汽来源有关的降水量、水体面积、蒸发条件、土壤水分含量、植被覆盖度等因素，以及影响水汽输送的条件如风、垂直气流等，都会影响湿度。

湿度与气温也有关系，气温越高，空气所能容纳的水汽含量越多。绝对湿度与气温呈正相关。水汽含量不变时，相对湿度与气温呈负相关。

绝对湿度

绝对湿度是指单位体积湿空气中含有的水汽质量。绝对湿度不容易直接测量，实际使用比较少。

相对湿度

相对湿度是一种表述空气中水汽含量的比值。该比值是指在同一温度下，空气中实际水汽压与饱和水汽压的比值，用百分数表示。相对湿度可以指示空气湿度接近饱和的程度。

‖湿度和天气的关系

湿度影响大气中云、雾、雨、雪等天气现象的形成和变化。在饱和湿度状态下，空气中再增加水汽或再降温都会导致蒸发率下降，从而造成有效凝结（云、雾或降雨现象）。湿度的变化是预测未来天气晴雨的重要依据。

湿度划分图

人体感到舒适

相对湿度 45%~55%

洗好的衣服晾不干

相对湿度 80% 以上

空气干燥

相对湿度 35% 以下

》气压

气压是指作用在单位面积上向上延伸至大气上界整个空气柱的重量。

‖气压和天气的关系

气压与天气有密切的关系。一般来说，地面上高气压的地区往往是晴天，低气压的地区往往是阴雨天。

气压高的地区，空气在水平方向上向周围地区流出，上方的空气下降，下方温度升高，空气中的水汽就蒸发消散，所以高气压中心地区常常是晴天。

气压低的地区，周围的空气在水平方向上向该地区流入，使该地区的空气上升，上方温度低，空气中的水汽遇冷凝结，所以，低气压中心地区常常是阴雨天。

‖影响气压的因素

温度、气流运动、海陆分布等因素会影响气压。同一水平面上，气温高则气压低，反之，气温低则气压高。海拔越高，气压越低。上升气流形成低压，下沉气流形成高压。因海陆存在热力性质差异，所以海陆间气温与气压随季节发生变化。北半球夏季，陆地上形成低压，海洋上形成高压；冬季相反。

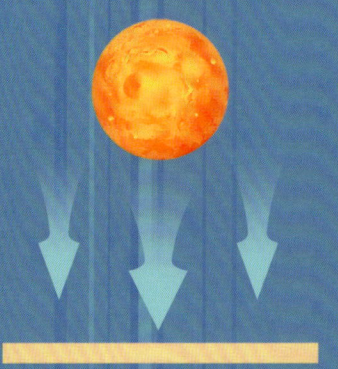

高气压

低气压

?

思考：为什么吸管能吸出饮料？

吸管插在杯子里，吸管内外都和空气接触，受到的气压相等，吸管内外的饮料保持在同一水平面上。使用吸管时，最先吸走的是吸管里的空气，没有了空气，作用在吸管内水面上的气压变小，外部气压便将饮料压入吸管，我们就可以喝到饮料了。当我们停止吸气时，吸管里的饮料就会下降，气压也回到最开始的平衡状态。

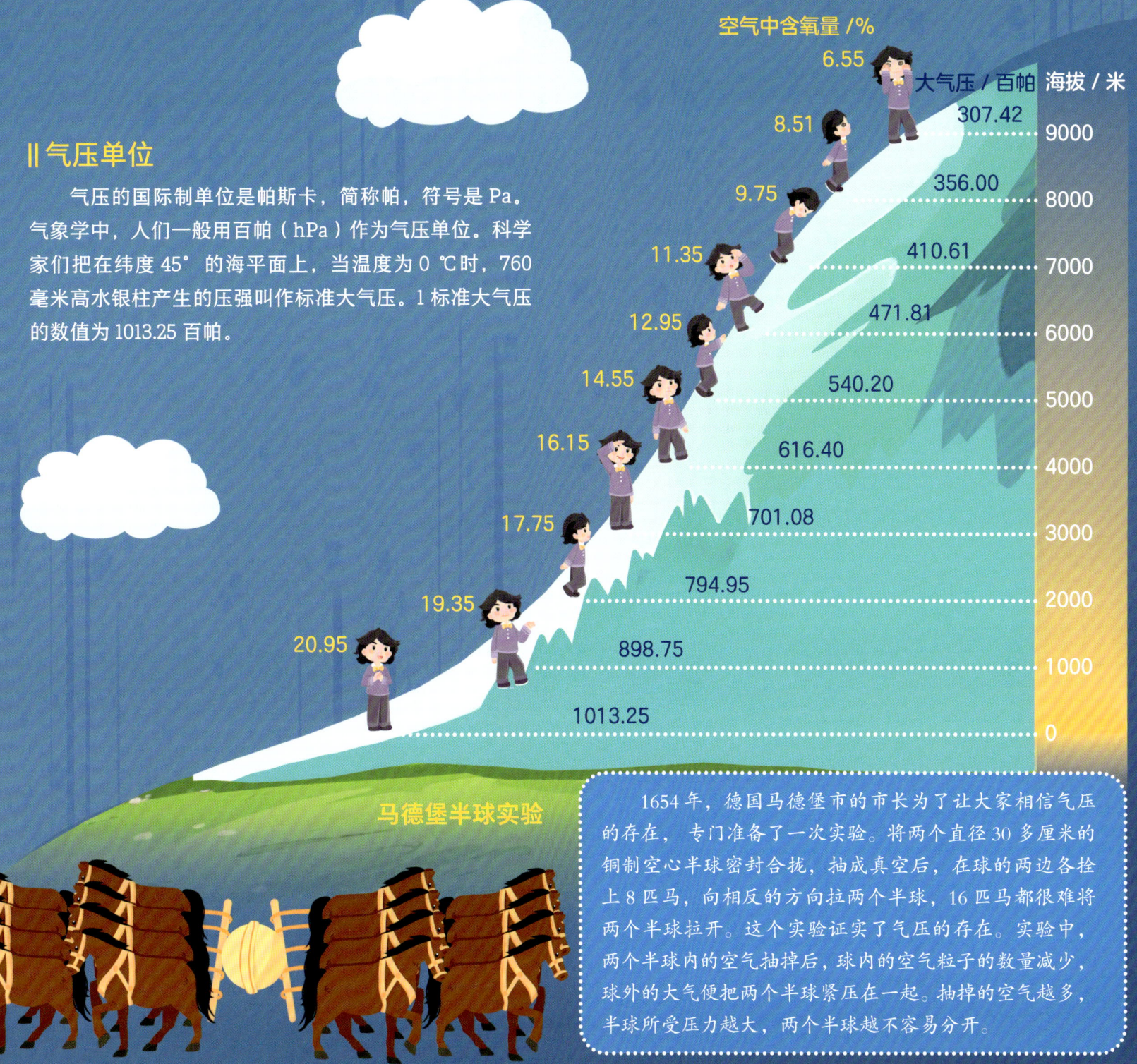

‖气压单位

气压的国际制单位是帕斯卡，简称帕，符号是 Pa。气象学中，人们一般用百帕（hPa）作为气压单位。科学家们把在纬度 45° 的海平面上，当温度为 0 ℃时，760 毫米高水银柱产生的压强叫作标准大气压。1 标准大气压的数值为 1013.25 百帕。

空气中含氧量 /%

6.55
8.51
9.75
11.35
12.95
14.55
16.15
17.75
19.35
20.95

大气压 / 百帕	海拔 / 米
307.42	9000
356.00	8000
410.61	7000
471.81	6000
540.20	5000
616.40	4000
701.08	3000
794.95	2000
898.75	1000
1013.25	0

马德堡半球实验

1654 年，德国马德堡市的市长为了让大家相信气压的存在，专门准备了一次实验。将两个直径 30 多厘米的铜制空心半球密封合拢，抽成真空后，在球的两边各拴上 8 匹马，向相反的方向拉两个半球，16 匹马都很难将两个半球拉开。这个实验证实了气压的存在。实验中，两个半球内的空气抽掉后，球内的空气粒子的数量减少，球外的大气便把两个半球紧压在一起。抽掉的空气越多，半球所受压力越大，两个半球越不容易分开。

二、常见天气现象

常见天气现象

常见天气现象根据类型可分为：降水现象、地面凝结现象、视程障碍现象、雷电现象及其他现象。

降水现象根据降水物形态共分11种，包括液态降水（毛毛雨、雨、阵雨）、固态降水（雪、阵雪、霰、米雪、冰粒、冰雹）、混合型降水（雨夹雪、阵性雨夹雪）。

地面凝结现象包括露、霜、雾凇、雨凇。

视程障碍现象包括雾、轻雾、吹雪、雪暴、烟幕、霾、沙尘暴、扬沙、浮尘。

雷电现象包括雷暴、闪电、极光。

其他现象包括大风、飑、龙卷、尘卷风、冰针、积雪、结冰。

晴（白天）

晴（夜晚）

小雨

中雨

霾

雨夹雪

暴雪

冻雨

图形符号

多云（白天）

多云（夜晚）

阴天

大雨

暴雨

雷电

小雪

中雪

大雪

浮尘

沙尘暴

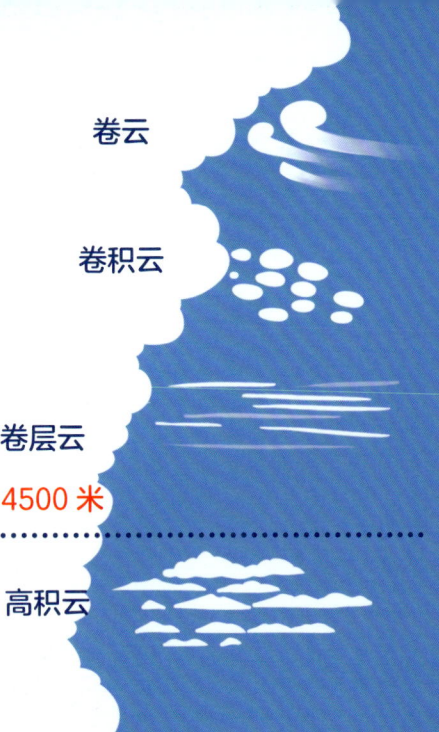

卷云

卷积云

卷层云

4500 米 ········· **高云**

高积云

高层云

2500 米 ········· **中云**

层积云

雨层云

积云

低云

层云

云

我们对云并不陌生，天空中有千姿百态的云。云是悬浮在大气中的大量微细水滴或冰晶或两者混合的可见集合体，有时也包含一些较大的水滴和冰晶。它的底部不接触地面。底部接触地面的称为雾。

奇奇，太神奇了，我们正在穿过云层！

前面有些云被风吹散了，云和风的状态可以反映天气变化趋势。气象谚语"东风送湿西风干，南风送暖北风寒"，就说明了这种现象。

‖ 云的分类

我国根据不同云状常见的云高将云划分为三族十属：低云（积云、积雨云、层积云、层云、雨层云）、中云（高层云、高积云）、高云（卷云、卷层云、卷积云）。

‖ 云的形成

当太阳光照在地球表面，水（包括江河湖海以及动植物的水分）遇热形成水蒸气，当大气中水汽达到饱和，水分子就会在微尘等云凝结核上凝结成大量细微水滴或冰晶，从而形成云。

风

风是空气流动的一种现象。通常将空气在水平方向上的流动称为风，垂直方向上的空气运动则称为上升或下沉运动。因各地气压高低不同，水平方向上的风由空气从气压高处向低处流动所致。通常用风向和风速（或风力等级）表示。风总是在随时改变着风向和速度。

风向和风速

风向是指风的来向，通常用八个方位或十六个方位来表示。八个方位即东（E）、南（S）、西（W）、北（N）、东南（SE）、西南（SW）、西北（NW）和东北（NE）。十六个方位，是在八个方位中间增加北东北（NNE）、东东北（ENE）、东东南（ESE）、南东南（SSE）、南西南（SSW）、西西南（WSW）、西西北（WNW）和北西北（NNW）。风速是单位时间内空气移动的距离。风速的常用单位是米/秒。

风力等级

风力等级是风强度的一种表示方法。国际通用的蒲福风级是由英国人蒲福（Beaufort）1805年所拟定的。它最初是根据风对炊烟、沙尘、地物、渔船、海浪等的影响大小分为0~12级。后来，在原分级的基础上，增加了相应的风速界限，如与5级对应的风速范围为8.0~10.7米/秒。

生活中可以根据周围事物和现象判断风力（0~12级）

0 级烟柱直通天　1 级轻烟随风偏　2 级轻风吹脸面　3 级叶动红旗展　4 级枝摇飞纸片　5 级带叶小树摇　6 级举伞步行艰

7 级迎风走不便　8 级风吹树枝断　9 级屋顶飞瓦片　10 级拔树又倒屋　11~12 级海上见

奇奇，下雨了。

雨真大啊！降雨是降水的主要形式。

降水

　　自然界中发生的毛毛雨、雨、雨夹雪、雪、霰、冰雹等现象统称为降水。降水是自云中降落到地面上的水汽凝结物。降水受地理位置、大气环流、天气系统条件等因素综合影响，是水循环过程的最基本环节。

‖降水分类

　　降水除可以根据其形态划分外，还可以根据其强度分为小雨、中雨、大雨、暴雨、大暴雨、特大暴雨以及微量降雪、小雪、中雪、大雪、暴雪、大暴雪和特大暴雪等，具体通过降水量来区分。

‖降水形成过程

①云滴的形成

　　以云的形式存在的水滴或冰晶颗粒很小，飘浮在空中。在其发展过程中，云体上升绝热冷却，或不断有水汽输入，云滴就会因水汽凝结或凝华而逐渐增大。

②冰晶效应或云滴的碰并增长

　　当云中水滴与冰晶共存时，水滴不断蒸发，冰晶从空气中吸收水汽形成大冰晶，这种过程称为冰晶效应。这些冰晶如果在较暖气层中融化，就以雨滴的形式下落；如果来不及融化，就以雪、雹、霰等固体形式下落。

　　雨的形成还可能由云滴的碰并增长方式形成，当云滴通过凝结（或冻结、凝华）增大到一定程度时就会下落，下落的过程中小雨滴相互碰撞、合并最终形成大的雨滴，从而降落到地面。

云滴的碰并增长

云滴的形成

冰晶效应

‖中国降水分布特点

　　中国年降水量空间分布的规律是：从东南沿海向西北内陆递减。各地区差别很大，大致是沿海多于内陆，南方多于北方，山区多于平原，山地中暖湿空气的迎风坡多于背风坡。

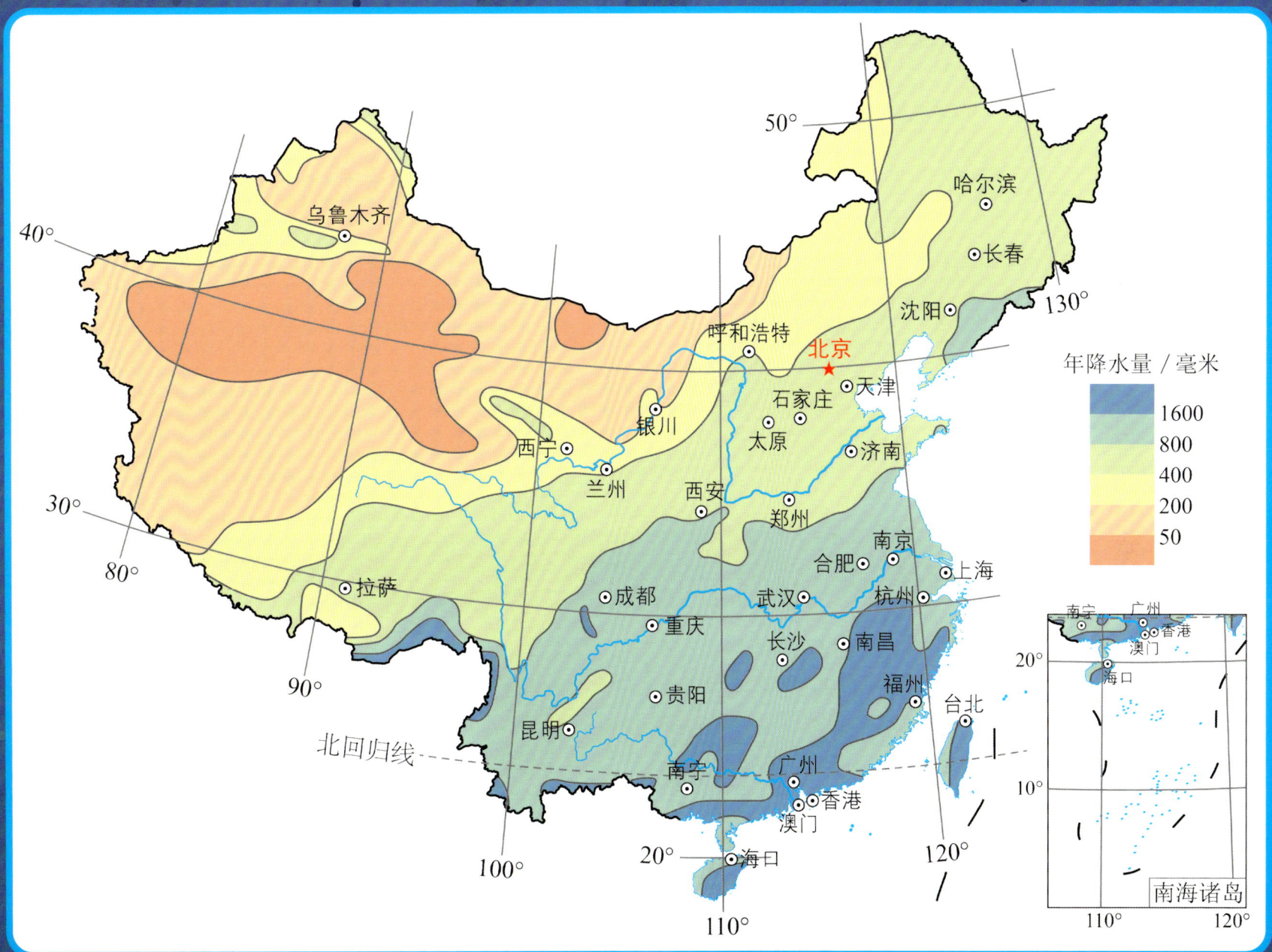

年降水量／毫米

1600
800
400
200
50

南海诸岛

雾

雾是悬浮在贴近地面大气中的大量微小水滴（或冰晶）的可见集合体。水滴浓度达到一定数量时，空气就会呈混浊状态，导致能见度下降，常妨碍交通，尤其是对航空运输影响较大。

奇奇，窗外是雾吗？

是的，我们降落吧，雾里飞行不安全。

姐姐，这是星际旅行家奇奇。我们在环球飞行，因为天气原因降落了。奇奇，这是我姐姐瑶瑶，她在这个气象观测站工作。

小嘉？你怎么来了？

奇奇，你好，欢迎你来地球做客。走吧，我带你们参观一下。

好的，瑶瑶姐姐，我真想看看气象观测站里有哪些仪器。

瑶瑶姐姐，这些都是什么仪器？

这里的仪器包括百叶箱、能见度仪、风向风速仪等，是用来观测各种气象要素的。

气象观测站常见仪器

百叶箱

百叶箱是里面放有干湿温度表和最高、最低温度表及湿度表等气象观测仪器而空气能流通的箱子。百叶箱可以防止太阳对仪器的直接辐射和地面对仪器的反射辐射，保护仪器免受强风、雨、雪等的影响，并使仪器感应部分有适当的通风，能真实地感应外界空气温度和湿度的变化。

能见度仪

能见度仪是一种光学传感器，通过测量大气气溶胶粒子的散射系数求得大气能见度，在气象、交通等领域具有广泛应用。

风向风速仪

风向风速仪用于测量瞬时风速风向，具有自动显示功能，主要由支杆、风标、风杯、风速风向感应器组成。风标的指向即为来风方向，根据风杯的转速来计算出风速。

日照计

日照计主要通过传感器以一定的采样频率采集太阳辐射信号，由其内部数据处理模块计算出太阳直接辐射，判断输出日照时数，为农业和旅游业等提供精确信息。

雨量传感器

雨量传感器是用于测量地面降水量的仪器，适用于气象降水量业务观测和区域性的降水量测量。通过电缆直接与数据采集系统连接，可实现自动化降水量观测和数据处理，适用于自动气象站及雨量站使用。广泛应用于气象、环保、农业及交通等领域。

自动气象站

自动气象站是用于监测实时环境变化且做出相应预警提示的气象监测仪器。主要是由采集传感器、气象监控主机、供电系统、通信模块等部分构成。能主动观测和传递气压、气温、相对湿度、风向、风速、雨量等常规气象要素信息，进行地面气象监测、储存和发送监测数据，并且能够根据需要将监测数据转换成气象信息或编制成表格、曲线等表现形式。

第四课
主要天气系统

一、气团和锋

气团

气团是指在广大区域内水平方向上，温度、湿度、垂直稳定度等物理属性较均匀的大块空气团。其水平范围有数百千米到数千千米，垂直范围有数千米到十余千米甚至伸展到对流层顶。

气团家族的众多成员根据其热力性质不同，可以分为冷气团与暖气团两个派系。

气团温度低于移经地区的气温

冷气团代表队

气团温度高于移经地区的气温

暖气团代表队

奇奇，你看前面好大一片降雨区。

看上去是受到锋面系统的影响了，我们过去看看吧。

锋面系统

派系不同的冷、暖气团容易发生冲突，当它们狭路相逢时，气团中间就会形成狭窄过渡区，这就是锋面。锋面和地面相交而成的线就是锋线。

看来是江淮地区又到梅雨期了。

什么是准静止锋？

是啊，这种阴雨连绵的天气就是受准静止锋影响。

咱们可以玩个游戏，你扮成冷气团，我扮成暖气团，你就能明白各种锋面类型了。

锋面

锋线

40

当我们势均力敌的时候，形成的就是准静止锋。

准静止锋

准静止锋很少或非常缓慢移动，两侧冷、暖气团势力相当。我国的准静止锋主要有华南准静止锋、江淮准静止锋、昆明准静止锋、天山准静止锋等。准静止锋控制的区域，会出现绵绵阴雨。贵州高原冬半年多阴雨即"天无三日晴"便与昆明准静止锋活动有关。长江中下游地区6月中旬到7月上中旬出现的梅雨天气主要受江淮准静止锋影响。

暖锋

暖锋是指暖气团主动向冷气团方向移动的锋。由于暖气团密度小，滑行速度缓慢，所以暖锋坡度较小。暖锋的降水集中在坡前。暖锋过境时气温上升，多形成连续性降水，一般限于东北及江南地区，春季活动较多，冬季较少。

当我力量强，主动向小嘉靠近时，就会形成暖锋。

冷锋

冷锋是指冷气团主动向暖气团方向移动的锋。由于冷气团在前进时受地面摩擦影响，锋面移动时，近地面层总是落后于上层，所以锋面坡度比暖锋大。

冷锋降水集中在锋后。冷锋过境，在降温的同时往往伴随狂风，如我国的寒潮就是冷锋过境。在夏季，还可能出现冰雹等不稳定天气。冷锋不仅活跃在北方，长江流域及其以南地区也受其影响。

当我力量强，主动向奇奇靠近时，就会形成冷锋。

冷暖气团比武大赛

二、气旋与反气旋

上升气流

低压中心

1000.0 百帕

1002.5 百帕

1005.0 百帕

气旋

气旋是指北（南）半球，大气中水平气流呈逆（顺）时针方向旋转的大型涡旋，在气压场上表现为低气压。

根据地理位置可将气旋分为温带气旋（多产生于极锋上）和热带气旋（多产生于赤道辐合带上）两类。温带气旋中，以极锋上产生的气旋最为重要，它一般活动于中高纬度地区。

‖ 气旋对天气的影响

温带气旋

温带气旋又称"锋面气旋"。在温带气旋中，如有强烈的暖湿上升气流，有利于云和降水的形成。若气团层结稳定，会有系统性上升，从而产生层状云系和连续性降水。如气团层结不稳定，则有利于对流发展，产生积状云和阵性降水。江淮气旋就是一种典型的温带气旋，它在江淮准静止锋的锋面上形成，造成持续的大范围的降水天气。

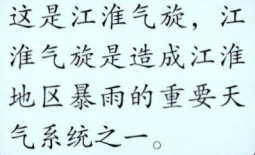

看，江淮地区好像形成温带气旋了？

这是江淮气旋，江淮气旋是造成江淮地区暴雨的重要天气系统之一。

热带地区形成的一种低压

热带气旋

　　台风是发生于赤道辐合带上的热带气旋。在温暖的热带洋面，大量海水蒸发到空中，产生对流云，形成低压中心，周围的空气被吸引过来。随着对流的发展和地球自身运动的影响，流入的空气会旋转起来，让气旋越来越强大，最后形成台风。

不断旋转并伴随着大风和强降雨天气

一旦登陆往往造成严重灾害

反气旋

　　反气旋与气旋相反，是在北（南）半球呈顺（逆）时针方向旋转的大气涡旋。在气压场上表现为高气压。

　　在中高纬度地区的反气旋内，由于气团干冷，低层大气稳定，云雨不易形成，故多出现晴朗天气。

‖反气旋对天气的影响

伏旱

　　夏季，大陆上的暖性反气旋内天气往往晴朗炎热。我国长江中下游地区盛夏伏旱天气就是在与副热带高压暖性反气旋控制下形成的。

南海诸岛

寒潮

　　冬季，当西伯利亚冷性反气旋或者蒙古高原冷性反气旋南下时，我国大部分地区就会受到冷空气的侵袭。当冷性反气旋势力强大时，就会带来强冷空气，引起强烈降温、大风天气，常伴有雨、雪天气，使气温在24小时内迅速下降达8℃以上、最低气温在4℃以下。这样的天气就是寒潮天气。寒潮是冬季的一种灾害性天气，会对农业生产、交通运输、电力运行等造成影响。

南海诸岛

副热带高压

　　在北半球上空，有两个大的气压系统，一个是在高纬度和极地地区的低气压，称为极涡；另一个是在中低纬度地区的高气压，因其活动范围主要在副热带地区，所以称为副热带高压，简称"副高"。副高由于受海洋和陆地分布等因素的影响，常常分裂成数个高压环流，称为副热带反气旋。在副高系统内，高层空气由外向里辐合并下沉，低层空气由里向外辐散流出，因此，副高内盛行下沉干热气流，不易形成降水，长时间受副热带高压控制可能形成严重干旱。副高按其所在的地理位置，分为北大西洋副高、北太平洋副高、北非副高和北美副高等。西北太平洋副高是夏季影响我国天气的主要天气系统。

下沉气流

梅雨过去了容易发生伏旱吧？

是的，梅雨锋过后，长江中下游地区受高压控制，容易形成反气旋天气，降水少，也就是伏旱。

高压中心

1005.0 百帕

1002.5 百帕

1000.0 百帕

第五课
气象灾害与防御
一、认识气象灾害

气象灾害

气象灾害包括天气、气候灾害和气象次生、衍生灾害。前者指由台风、暴雨（雪）、雷暴、冰雹、大风、沙尘等因素直接造成的灾害；后者指由气象因素引起的山体滑坡、泥石流、风暴潮、森林火灾、酸雨、空气污染等灾害。

我国气象灾害的
地域性差异

西北地区：
干旱、冰雹和暴雨等

东北地区：
暴雨、洪涝、低
温冻害、干旱等

华北地区：
干旱、暴雨和洪涝等

长江中下游地区：
暴雨、洪涝、干旱、热带
风暴、风暴潮等

西南地区：
暴雨、干旱、
低温冷害、冰雹等

华南地区：
暴雨、干旱、低温冷害、
冰雹、热带风暴、台风等

南海诸岛

气
象
灾
害
是啊，而且中国是世界上受气象灾害影响最为严重的国家之一。
在地球生活虽然很好，但是气象灾害也很多啊。
气象灾害

‖我国气象灾害特点

我国东部位于东亚季风区，西部地处内陆，地形地貌多样，天气和气候系统复杂，是世界上受气象灾害影响最为严重的国家之一。我国气象灾害具有种类多、影响范围广、发生频率高等特点，平均每年造成的直接经济损失占到全部自然灾害损失的 70% 以上。

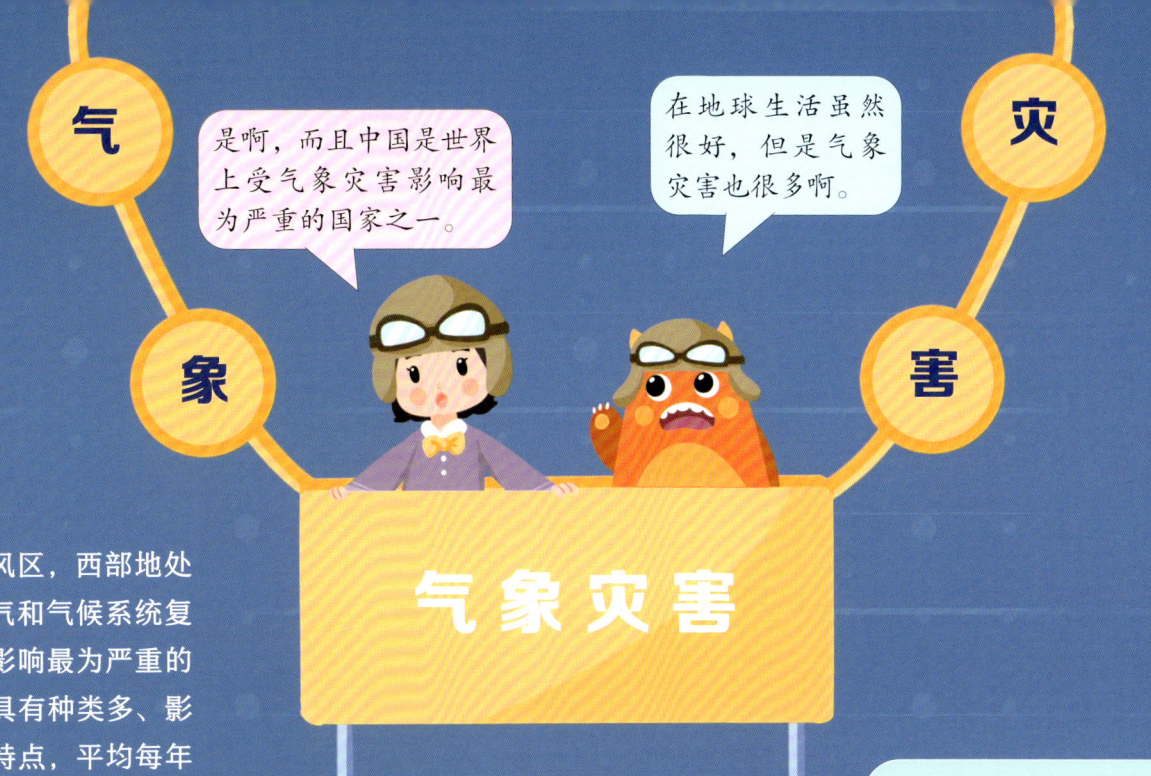

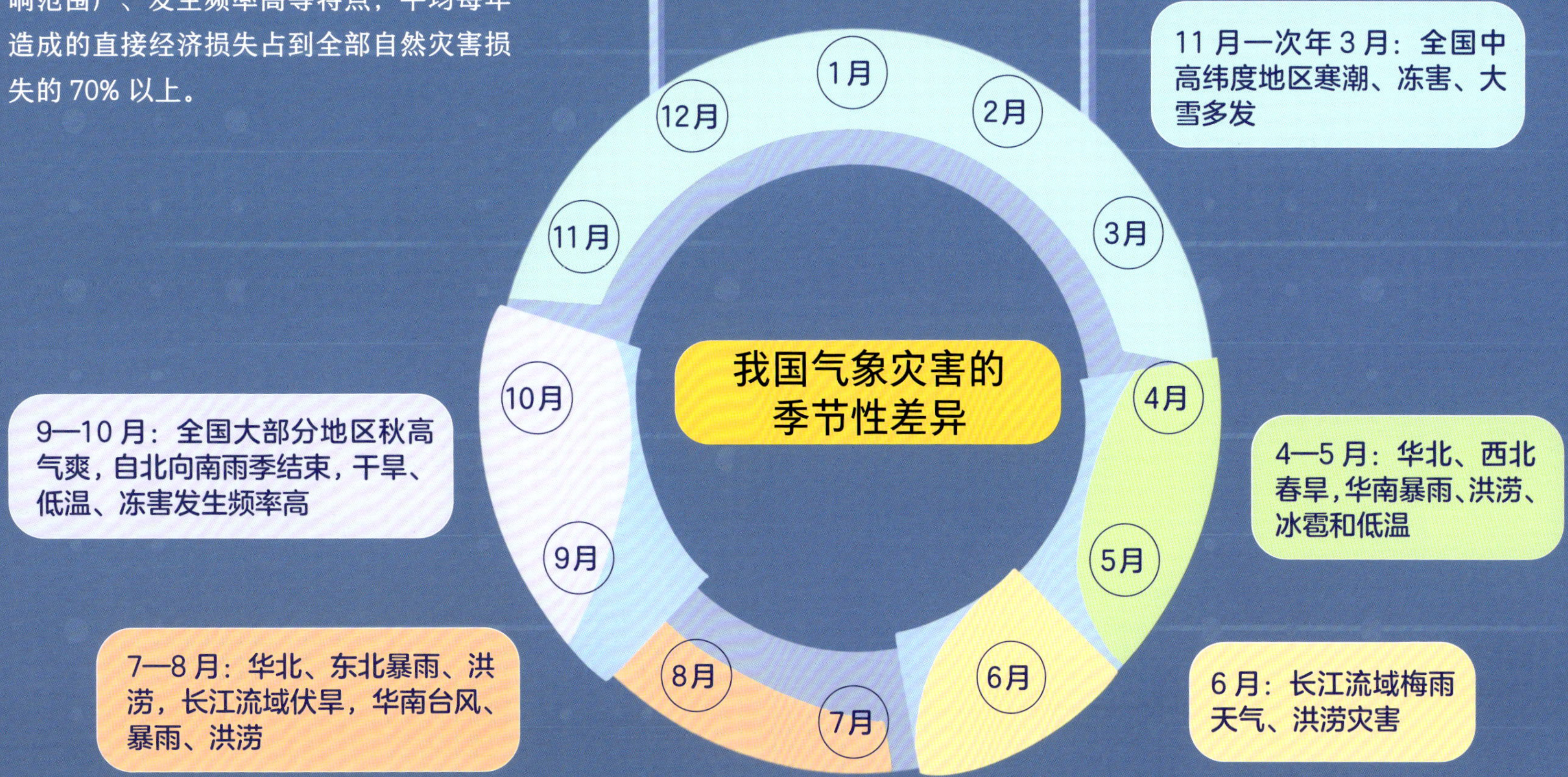
我国气象灾害的季节性差异
1月
2月
3月
4月
5月
6月
7月
8月
9月
10月
11月
12月
11 月—次年 3 月：全国中高纬度地区寒潮、冻害、大雪多发
4—5 月：华北、西北春旱，华南暴雨、洪涝、冰雹和低温
6 月：长江流域梅雨天气、洪涝灾害
7—8 月：华北、东北暴雨、洪涝，长江流域伏旱，华南台风、暴雨、洪涝
9—10 月：全国大部分地区秋高气爽，自北向南雨季结束，干旱、低温、冻害发生频率高

‖我国气象灾害预警渠道

我国气象灾害的预警渠道包括中国气象局官方网站、中央气象台网、中国天气网、中国天气 App、广播、电视、多媒体显示屏、手机短信、益农信息服务平台、大喇叭、锣等。

中国天气网是中国气象局面向社会和公众、以公益性为基础的气象服务门户网站，致力于提供精准及时的天气预报、实况信息和灾害预警。

通过互联网站、手机应用程序（App）、广播、电视等媒介，可以看到预警信息。

你一般是如何获知气象灾害预警的呢？

我国气象灾害预警信号

预警信号由名称、图标、标准和防御指南组成，分为台风、暴雨、暴雪、寒潮、大风、沙尘暴、高温、干旱、雷电、冰雹、霜冻、大雾、霾、道路结冰等。预警信号的级别依据气象灾害可能造成的危害程度、紧急程度和发展态势一般划分为四级：Ⅳ级（一般）、Ⅲ级（较重）、Ⅱ级（严重）、Ⅰ级（特别严重），依次用蓝色、黄色、橙色和红色表示，同时以中英文标识。

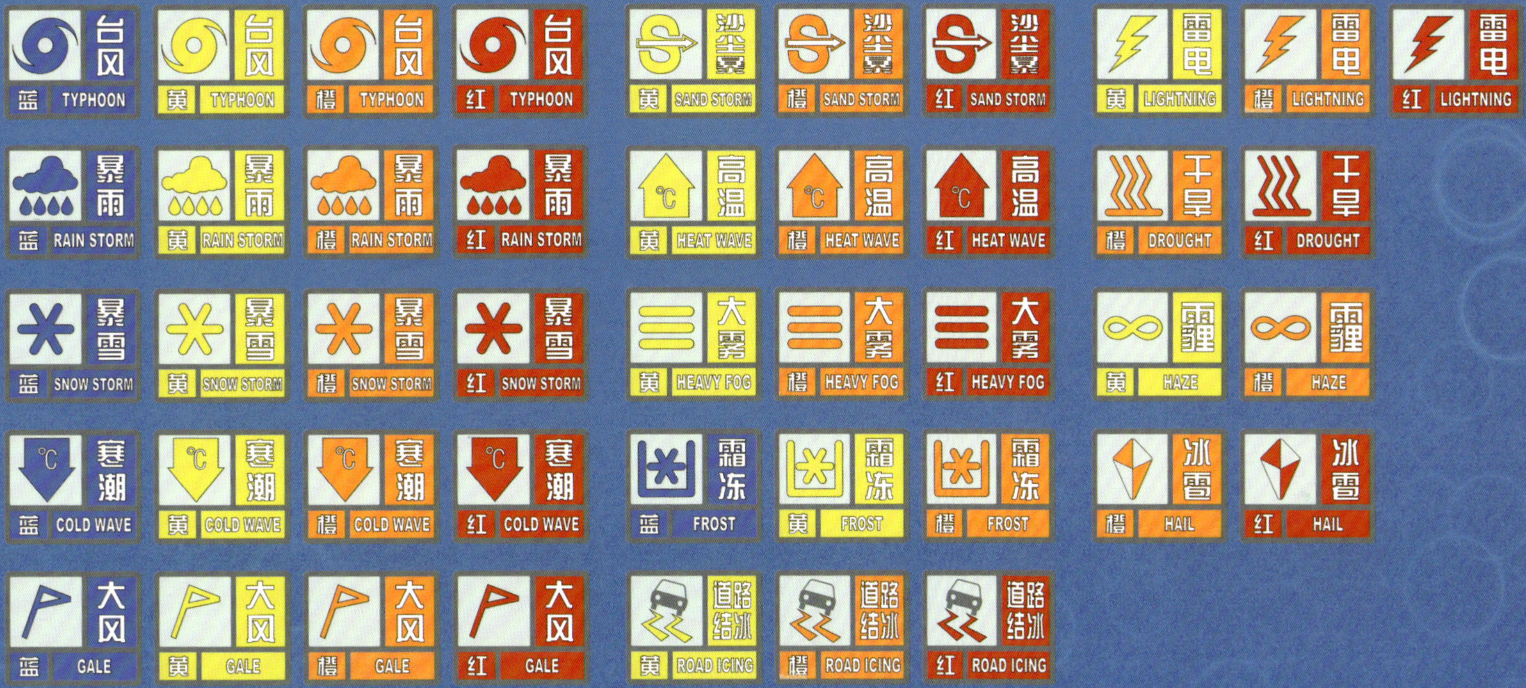

蓝 台风 TYPHOON	黄 台风 TYPHOON	橙 台风 TYPHOON	红 台风 TYPHOON	黄 沙尘暴 SAND STORM	橙 沙尘暴 SAND STORM	红 沙尘暴 SAND STORM	黄 雷电 LIGHTNING / 橙 雷电 LIGHTNING / 红 雷电 LIGHTNING
蓝 暴雨 RAIN STORM	黄 暴雨 RAIN STORM	橙 暴雨 RAIN STORM	红 暴雨 RAIN STORM	黄 高温 HEAT WAVE	橙 高温 HEAT WAVE	红 高温 HEAT WAVE	橙 干旱 DROUGHT / 红 干旱 DROUGHT
蓝 暴雪 SNOW STORM	黄 暴雪 SNOW STORM	橙 暴雪 SNOW STORM	红 暴雪 SNOW STORM	黄 大雾 HEAVY FOG	橙 大雾 HEAVY FOG	红 大雾 HEAVY FOG	黄 霾 HAZE / 橙 霾 HAZE
蓝 寒潮 COLD WAVE	黄 寒潮 COLD WAVE	橙 寒潮 COLD WAVE	红 寒潮 COLD WAVE	蓝 霜冻 FROST	黄 霜冻 FROST	橙 霜冻 FROST	橙 冰雹 HAIL / 红 冰雹 HAIL
蓝 大风 GALE	黄 大风 GALE	橙 大风 GALE	红 大风 GALE	黄 道路结冰 ROAD ICING	橙 道路结冰 ROAD ICING	红 道路结冰 ROAD ICING	

▎预警信号颜色等级

Ⅳ级（一般）	
Ⅲ级（较重）	
Ⅱ级（严重）	
Ⅰ级（特别严重）	

49

二、常见的气象灾害及防御

台风及其次生灾害

台风是发生在西太平洋和南海海域的较强热带气旋，它是一种破坏力很强的灾害性天气系统，常伴有狂风、暴雨和风暴潮，给所经过的地区造成严重灾害。台风的次生灾害包括地质灾害和暴雨引起的城市内涝等。台风的名字来源于第31届台风委员会通过的西北太平洋和南海热带气旋级台风命名表。该命名表共有140个名字，分别由亚太地区的柬埔寨、中国、朝鲜、中国香港、中国澳门、日本、老挝、马来西亚、密克罗尼西亚联邦、菲律宾、韩国、泰国、美国和越南等14个成员提供。中国提供的名字是银杏、风神、杜鹃、悟空、海神、电母、海棠、白鹿、木兰、海葵。

地质灾害

地质灾害是指在自然或者人为因素的作用下形成的，对人类生命财产、环境造成破坏和损失的地质作用（现象），如崩塌、滑坡、泥石流、地裂缝、岩爆、土地沙漠化及沼泽化、地震、火山等。

山体滑坡

奇奇，你看，前面好像有台风。

台风毁坏

海水（台风）

50

暴雨

暴雨是指短时间内产生较强降雨（24小时降雨量 ≥ 50 毫米）的天气现象。2012年发布的《降水量等级》国家标准，对暴雨按累积降雨时间有 12 小时和 24 小时两种划分规定。从这个标准可以看到，有时暴雨并非来得特别急和猛，绵绵细雨持续 24 小时也可下成暴雨。

台风常常伴随着暴雨、雷电、城市内涝等气象灾害。人们要注意安全啊！

暴雨

12 小时降雨量 30.0~69.9 毫米

24 小时降雨量 50.0~99.9 毫米

大暴雨

70.0~139.9 毫米

100.0~249.9 毫米

特大暴雨

140 毫米（含）以上

250 毫米（含）以上

雷电

雷电是一种大气中的放电现象，产生于积雨云中。当雷雨天气来临，云层中的水分子在气流等外力作用下会发生碰撞摩擦，产生静电，云层底部会带上负电，云层顶部和地面则带上正电，正负电荷相遇会产生剧烈的放电现象，闪电由此形成。由于此时会产生大量热量使周围的空气受热膨胀，从而引起大气强烈的爆炸式震动，因此强放电的同时也会伴随有阵阵雷鸣。

城市内涝

城市内涝是指短时间内强降雨或者连续性降雨超过城市的排水能力，而出现道路积水等灾害现象。立交桥桥洞、地铁、地下人行通道等地势低洼地带是城市内涝的高发区域。

小嘉，地球上一般如何应对台风、暴雨呢？

这种情况我们会尽量避免外出，同时掌握一些具体的防御措施。

台风的防御

①事前防御：准备食物、饮用水、药品和应急灯，留意气象报道，清理阳台摆放物。

②事中防御：室内要注意用电安全，小心窗户和玻璃，注意人身安全，尽量不要外出。如果在室外要小心高空坠物，行走时绕开障碍物。

③事后防御：不要急着回家查看，不要盲目开车出行；及时清运垃圾，不要购买可疑食物；不要乱接断落电线以防触电；灾后易遭蚊蝇鼠害，要及时驱赶蚊虫。

城市内涝的防御

①如果人在户外，一定要在较高的地势上待着，不要轻易涉水。

②躲避时不要在路灯或一些用电设施旁边，避免用电设施漏电，引发危险。

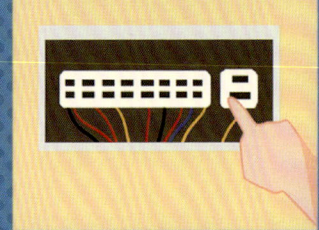

③在家时，应及时切断电源和天然气。

④如果内涝时间较长，家中应储备相应的物资，比如粮食、淡水和必要的医药品。

⑤在条件许可的情况下，对部分能转移的资产进行转移，避免水浸泡造成不必要的损失。

地质灾害的防御

崩塌、滑坡、泥石流发生时，滚石、坡体或泥石流都是从高的地方向低的地方运动，所以，应选择向左右两个方向逃离危险区，而不要选择顺着滚石、坡体或泥石流运动的方向逃生。如果身处正在运动的滑坡体上，实在没有时间逃离滑体，可抱紧附近粗大的树木以求自保。

雷电防御

①不要在树下或楼顶避雨。

②不要在水边或水面停留。

③不要快速移动。

④远离金属物质。

⑤不要玩手机、打电话、听音乐。

⑥不要赤脚行走。

⑦不要在家中洗澡。

⑧雷雨天气，关闭门窗。

冰雹、高温与干旱

除了台风、暴雨外,冰雹、高温、干旱也是夏天常见的气象灾害。

是啊,这些灾害天气经常在新闻中有报道。

冰雹及其防御

冰雹是坚硬的球状、锥状或形状不规则的固态降水。中国各地每年都会受到不同程度的雹灾,尤其是北方的山区及丘陵地区、青藏高原东部、云贵高原一带受害严重。冰雹对农业危害很大,对人、动物、树木、建筑和车辆等具有强大的杀伤力。发生冰雹时,最好留在家中,尽量避免外出。在室外,当冰雹来临时,要迅速躲进房屋、顶棚下等能够避雹的安全场所,防止冰雹的袭击。如在空旷的地方,应用雨具或其他代用品保护头部,并尽快转移到能够避险的地方。

高温及其防御

高温是指日最高气温达到或超过 35 ℃的天气现象。连续 3 天以上的高温天气过程，被称为高温热浪。如果遇到高温中暑的病人，要立即将病人移到通风、阴凉、干燥的地方，如走廊、树荫下。让病人仰卧，解开衣扣，脱去或松开衣服。如衣服被汗水湿透，应更换干衣服，同时打开电扇或空调，尽快散热。尽快冷却体温，降至 38 ℃以下。用凉湿毛巾冷敷头部、腋下以及腹股沟等处；用温水或酒精擦拭全身；冷水浸浴 15～30 分钟。意识清醒的病人或经过降温清醒的病人可饮服绿豆汤、淡盐水等解暑，可服用人丹和藿香正气水。如遇到重症中暑病人，要立即拨打电话"120"。

干旱及其防御

干旱通常指长期无雨或少雨导致土壤和空气干燥的现象。干旱从古至今都是人类面临的主要自然灾害。随着社会经济发展和人口膨胀，水资源短缺现象日趋严重，这也直接导致了干旱地区的扩大与干旱化程度的加重，干旱化趋势已成为全球关注的问题。防御干旱天气，保护水资源，人人有责。生活中，我们要养成节约用水的好习惯，坚持一水多用、循环利用。

霜冻、寒潮、暴雪与道路结冰

霜冻及其防御

　　霜冻是指生长季节里因气温降到 0 ℃ 或 0 ℃ 以下而使植物受害的一种农业气象灾害，不管是否有霜出现。

　　预防霜冻灾害，一般采用霜前及时浇灌、熏烟和覆盖或喷洒化学药剂，冻后加强田间管理等多种预防及抗霜冻危害措施，增加近地面层空气湿度，保护地面热量，提高空气温度，延缓田间温度下降，从而达到预防霜冻的目的。同时，积极学习科学种田，不断改良作物品种，密切关注天气变化，对提高预防霜冻灾害的能力也有很大帮助。

寒潮及其防御

　　寒潮是冬半年引起大范围强烈降温、大风天气，常伴有雨、雪的大规模冷空气活动。寒潮来临时，广大市民外出要采取保暖防滑措施，当心路滑跌倒；司机要采取防滑措施，注意路况，听从指挥，慢速驾驶；船舶应到避风场所避风，高空、水上等户外作业人员应停止作业；如被暴风雪围困，要尽快拨打求救电话。

我们到南半球了，好冷啊！

是啊，南半球现在是冬天，可能会发生寒潮、暴雪、道路结冰等气象灾害。

暴雪及其防御

暴雪指自然天气现象的一种降雪过程，它给人们的生活、出行带来了极端不便。暴雪来临前，需关注气象预警预报消息和交通信息，及时调整出行计划；准备充足的食物和水，做好保暖准备。暴雪来临时，尽量待在室内取暖，若使用煤炭，谨防一氧化碳中毒。如果必须出门，需注意头部、脚部保暖。雪天行车需注意保持较大的车距，以免车辆打滑。如果风雪太大，车辆被困住，也要在车中及时打电话求救，避免在车外停留太久失温。暴雪结束后，外出需警惕路滑。如果摔倒，应尽量用手部或双肘撑地，以免摔伤脑袋等重要部位。

道路结冰及其防御

如果地面温度低于 0 ℃，道路上会出现积雪或结冰现象。道路结冰时，过马路要服从交通警察指挥疏导；建议少骑或者不骑自行车出行；不要在结冰的操场或空地上玩耍；如果做溜冰运动，一定要做好防护。

沙尘暴、大雾与霾

雾的预警等级

轻雾：1000 米 ≤ 能见度 < 10000 米

大雾：500 米 ≤ 能见度 < 1000 米

浓雾：200 米 ≤ 能见度 < 500 米

强浓雾：50 米 ≤ 能见度 < 200 米

特强浓雾：能见度 < 50 米

沙尘暴及其防御

　　通常所说的沙尘暴，又称沙尘天气，是指强风扬起地面的尘沙，使空气混浊，水平能见度小于1千米的风沙现象。当沙尘天气来袭时，公众外出需注意利用帽子、纱巾、口罩和眼镜等物品遮挡风沙，防止沙尘颗粒进入口腔、鼻腔和眼睛，引发不适；并且，大风沙尘来袭时往往空气干燥，人体容易出现咽喉干痒、嘴唇干裂、皮肤瘙痒等不适，注意多喝水、多吃水果，迅速补充身体流失的水分。

雾的防御

遇到大雾天气，尽量不要外出，必须外出时要戴上口罩，驾驶车辆要减速慢行，注意交通安全。

遇到这些天气要做好个人防护，尽量不要暴露在室外。

近年来，沙尘暴和雾、霾也时有出现。

霾的防御

霾，也称灰霾，是悬浮在空中肉眼无法分辨的大量微粒，使水平能见度小于 10 千米的天气现象。霾的核心物质是空气中悬浮的灰尘颗粒，气象学上称为气溶胶颗粒。面对霾这种天气，应关注空气质量预报，合理安排出行。重污染天气时，尽量减少户外停留时间，进行户外活动时，宜佩戴颗粒物过滤口罩。外出回家要及时清洗面部、鼻腔及裸露的皮肤。关闭门窗，使用空气净化器，注意科学饮食和休息，增强机体免疫力。

气象观测与预报

一、气象观测

极轨卫星

静止卫星

探空气球

小嘉、奇奇，你们想不想去气象观测站参观？上次参观的时候比较匆忙，很多先进技术你们没有看到。

好啊，我们要去看看。

气象飞机

探空雷达

卫星地面接收站

卫星探测

浮标站

海洋

气象观测船

综合气象观测系统

综合气象观测系统是为满足气象防灾减灾和应对气候变化的需求，综合地基、空基、天基观测手段，全面获取气象及其相关信息的系统，可实现涵盖海洋、陆地、生态、环境等相关领域的长期不间断的、一体化综合观测，是国家重要的公共基础设施，是气象和地球相关学科业务与科研的重要基础。

卫星图像

天气雷达

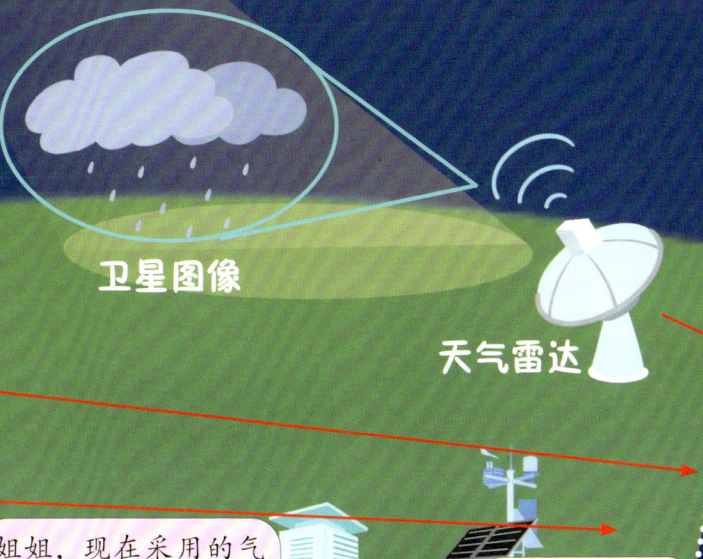

姐姐，现在采用的气象观测手段是什么？

我们采用由地基、空基、天基组合的综合气象观测系统。

地面观测站

国家气象中心

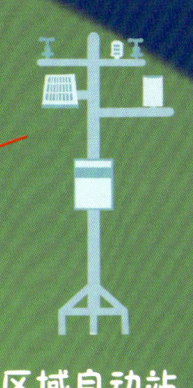

陆地 区域自动站

地基观测

地基观测指的是在地表观测平台上进行的气象观测，主要包括常规气象观测台站进行的气温、气压、湿度、风等的观测，以及运用雷达获得雷达回波信息。

地面气象观测站

地面气象观测站能够对地面层的气象状况及其变化过程进行系统、规范和连续观察和测定以获取相关数据。地面层气象要素存在空间分布不均匀性和随时间变化的特性，因此地面气象观测必须具有代表性、准确性和可比性。

‖我国的地面气象观测站

截至 2022 年，我国拥有国家级地面气象观测站 10930 个、建有气候观象台 25 个、大气本底站 7 个、地面自动气象观测站超 7 万个。

你们会看天气雷达图吗？

天气雷达图上的回波从蓝色到紫色，降雨强度逐渐增强。通常来说，蓝色表示当地被降水云系笼罩，但尚未出现降雨；绿色表示有降雨出现，但雨势并不强；黄色表示有中等强度降雨出现；红色和紫色表示有大到暴雨出现，并且有可能出现短时雷雨、大风、冰雹等强对流天气。

我在天气预报中看过，天气雷达图好像花花绿绿的。

原来是这样。

南海诸岛

气象雷达

气象雷达是探测大气中的各种天气现象和气象要素的大气遥感探测设备。气象雷达工作时会向前方发射电磁波，利用云、雾、雨、雪等降水粒子对电磁波的散射和吸收，收集反射回来的不同强度的气象回波，在显示器上呈现出天气雷达图。气象雷达获取的云、雨、风、温等数据，能为天气预报、数值天气预报模式、民航飞行安全、国防建设等提供必要的资料。

海洋观测

海洋气象观测主要是对海洋上空的气象要素进行观测和记录，包括大气压力、风速、风向、温度、湿度、降水等。这些观测数据可以用于海洋灾害气候预警，并对气候变化的研究具有重要意义。常见的海洋观测方法包括船舶观测、浮标观测等。

没错，那种大白球一样的仪器，就是一种气象雷达。简单来说，雷达是一种利用电磁波探测目标的设备，雷达发出电磁信号，再通过探测和分析接收到的反射信号获得目标的位置、特征等信息。

瑶瑶姐，那是气象雷达吗？

雷达是什么意思？

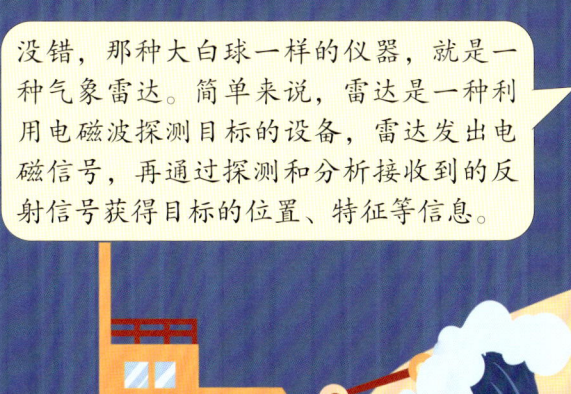

空基观测

空基观测是指传感器位于地球表面以上大气层的观测平台上进行的气象观测，主要通过探空气球、探空火箭、气象飞机等实现。

姐姐，那个气球是做什么用的？

那是探空气球，是空基观测的重要设备。

要飞了！

探空气球

探空气球是把无线电探空仪带到高空进行气温、气压、湿度、风向风速等气象要素观测的白色大气球，上升到 30 千米上下的高空炸裂。运用气象探空气球是观测高空风云变幻的重要手段。它可以从地面到高空进行逐层扫描，实现从二维到三维立体的观测，为天气预报提供丰富的高空气象数据资料，促进预报水平的提高。

探空火箭

探空火箭是一种携载测量高空各种地球物理参数仪器的火箭。探空火箭最大的意义就在于，探测气球飞行高度基本低于 40 千米，而卫星轨道高度基本高于 160 千米，在这之间的大气区域，气球上不去、卫星下不来，火箭是唯一可以实地探测并且经济实惠的探测工具。

气象飞机

气象飞机是探测气象要素、天气现象、大气过程或进行人工影响天气作业的专用飞机。飞机在爬升、巡航、下降阶段均可采集数据，频次高、密度大，可以弥补已有气象探测手段在获取大洋上空和高层大气数据方面的不足，提供不同巡航高度上的大气参数。

天基观测

天基观测是指传感器位于地球大气层以外的观测平台上（如气象卫星、航天飞机等）进行的气象观测，主要是利用气象卫星获取卫星辐射率信息。通过卫星轨道的选择，既可以获取高空间分辨率的全球资料，也可以获取高时间分辨率的全球资料。

静止卫星

是的，1988年我国首次成功发射气象卫星——风云一号A星，如今，我国已经成为世界上在轨气象卫星数量最多、种类最全的国家之一。

你们知道我国的气象卫星叫什么名字吗？

风云系列气象卫星。

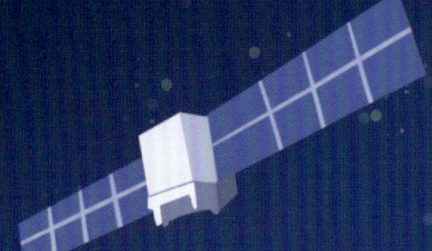

气象卫星

气象卫星是携带仪器装置对地球进行气象观测的人造地球卫星。

观测的主要内容包括：

①卫星云图的拍摄；

②云顶温度、云顶状况、云量等的观测；

③陆地表面状况的观测，如冰雪和风沙，以及海洋表面状况的观测，如海洋表面温度等；

④大气中湿度分布、降水区和降水量的分布；

⑤空间环境状况的监测，这些观测内容有助于监测天气系统的移动和演变，为研究气候变迁提供基础资料。

‖我国气象数据的传输

在我国，国家气象信息中心通信台承担着数据传输和分发的枢纽作用。接收的数据包含来自各省（自治区、直辖市）的地面、高空、雷达、卫星数据、中国模式系统输出结果的数据，其他国家的观测数据和模式数据。同时，还承担数据的发送功能，每天将各种观测数据和模式数据通过地面网络或通信卫星收发系统传送给我国各省（自治区、直辖市）气象台以及其他国家。

省一级的气象台只负责将本省的观测数据发送至国家气象信息中心，不进行其他数据的传送，同时接收来自国家气象信息中心分发的其他省的数据或各国模式系统数据。

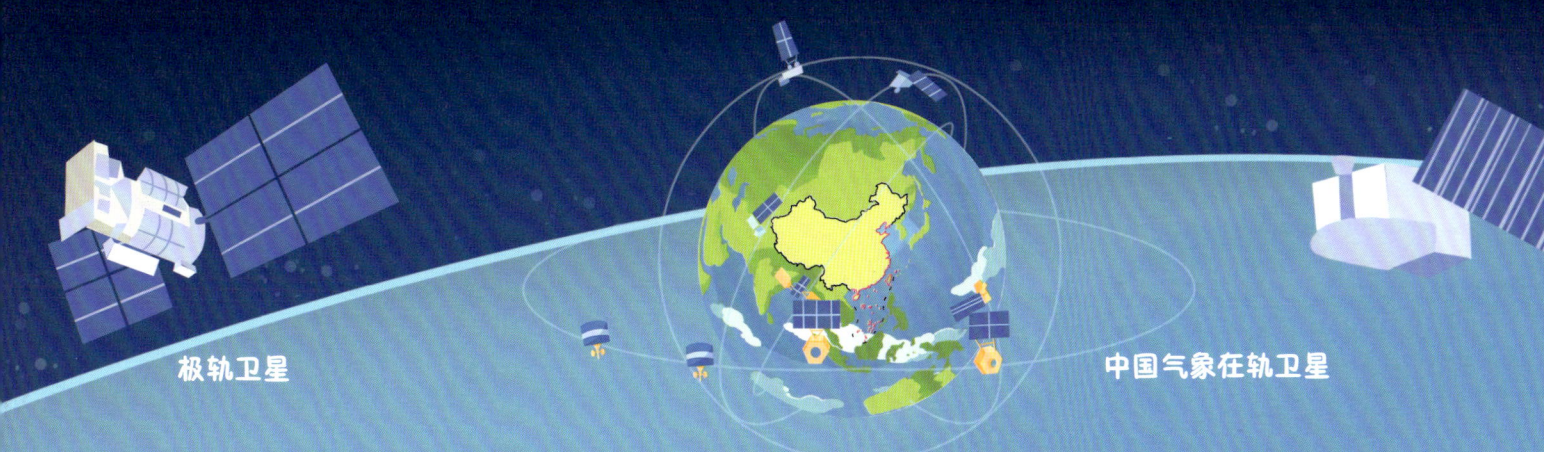

极轨卫星

中国气象在轨卫星

我国风云气象卫星

　　截至 2023 年 8 月，我国已成功发射 2 代 4 型 21 颗风云气象卫星，包括 4 颗风云一号卫星、8 颗风云二号卫星、7 颗风云三号卫星和 2 颗风云四号卫星，目前在轨运行数量达到 9 颗。风云一号和风云三号属于极轨气象卫星，可以获取全球观测数据；风云二号和风云四号属于地球静止轨道气象卫星，可以获取中国及周边区域的连续动态观测数据。我国是世界上少数几个同时拥有极轨和静止轨道气象卫星的国家。

风云图谱

| 第一代极轨气象卫星
风云一号系列 | 第一代静止气象卫星
风云二号系列 | 第二代极轨气象卫星
风云三号系列 | 第二代静止气象卫星
风云四号系列 |

 试验 试验

风云一号 A 星 1988-09-07 发射　风云一号 B 星 1990-09-03 发射

 业务  业务

风云一号 C 星 1999-05-10 发射　风云一号 D 星 2002-05-15 发射

 试验 试验  试验

风云二号 A 星 1997-06-10 发射　风云二号 B 星 2000-06-25 发射　风云二号 C 星 2004-10-19 发射　风云二号 D 星 2006-12-08 发射

 业务 业务 业务 业务

风云二号 E 星 2008-12-23 发射　风云二号 F 星 2012-01-13 发射　风云二号 G 星 2014-12-31 发射　风云二号 H 星 2018-06-05 发射

 试验 试验 试验 试验

风云三号 A 星 2008-05-27 发射　风云三号 B 星 2010-11-05 发射　风云三号 C 星 2013-09-23 发射　风云三号 D 星 2017-11-15 发射

 业务 业务 业务

风云三号 E 星 2021-07-05 发射　风云三号 F 星 2023-08-03 发射　风云三号 G 星 2023-04-16 发射

 业务

风云四号 A 星 2016-12-11 发射

 业务

风云四号 B 星 2021-06-03 发射

二、气象预报

天气预报

天气预报是对未来一定时期内天气变化的事先估计和预告，一般包括天空状况、降水概率、风向风力、最高气温和最低气温、最大湿度和最小湿度、气压等内容。

中国气象局

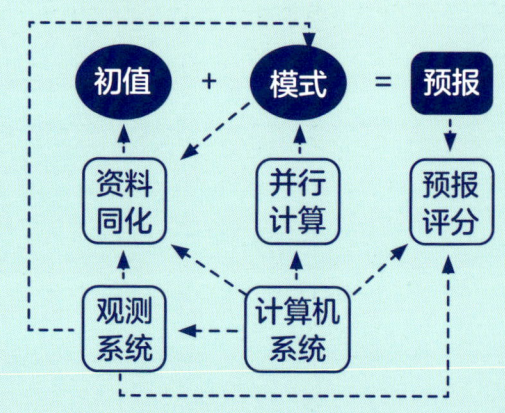

数值天气预报的基本构成

初值 ＋ 模式 ＝ 预报

资料同化　并行计算　预报评分

观测系统　计算机系统

气象观测 ①

天气预报

天气预报是如何制作的？

制作流程一般包括气象观测、数据收集、综合分析、预报会商、预报产品发布等环节。

啊，可以参观制作天气预报的地方，真是太好了！

数值天气预报

由观测获得的当前大气状态出发，借助于现代电子计算机，采用数值方法求解控制大气运动的流体力学方程组，从而对未来天气变化做出的预报。

不同天气的预报准确率不同。目前，数值预报模式对大尺度天气系统的短期预报性能较好，像对气温、风向、风力这些要素的预报准确率相对较高；而对中小尺度系统的预报性能较差，像冰雹、龙卷这类强对流天气以及弱降水天气的预报难度较大。

‖天气预报制作流程

①**气象观测**　气象观测数据通过气象专用网络通道传输到中国气象局。

②**数据收集**　分为资料同化和数值预报两大过程。通过气象资料同化将收集的全球数据统一为数值模式可以识别和使用的数据。再通过数值预报按时间顺序计算不同高度全球各处气象要素的值。

③**综合分析**　天气预报员通过分析天气图和国内外数值预报产品，研究各类型天气图表，结合气象卫星、雷达探测资料，进行综合分析、判断后，作出未来不同时间段的具体天气预报。

④**预报会商**　由于影响天气的原因复杂，在天气会商时，所有预报员进行讨论，主班预报员对预报意见进行汇总后，经过综合分析，对未来天气的发展变化作出最终的预报结论。

⑤**预报产品发布**　天气预报结论作出后，制作成不同形式的预报产品，通过广播、电视、报纸、网站和微博、微信、客户端等新媒体发布，形成天气预报。

晴

⑤ 预报产品
发布

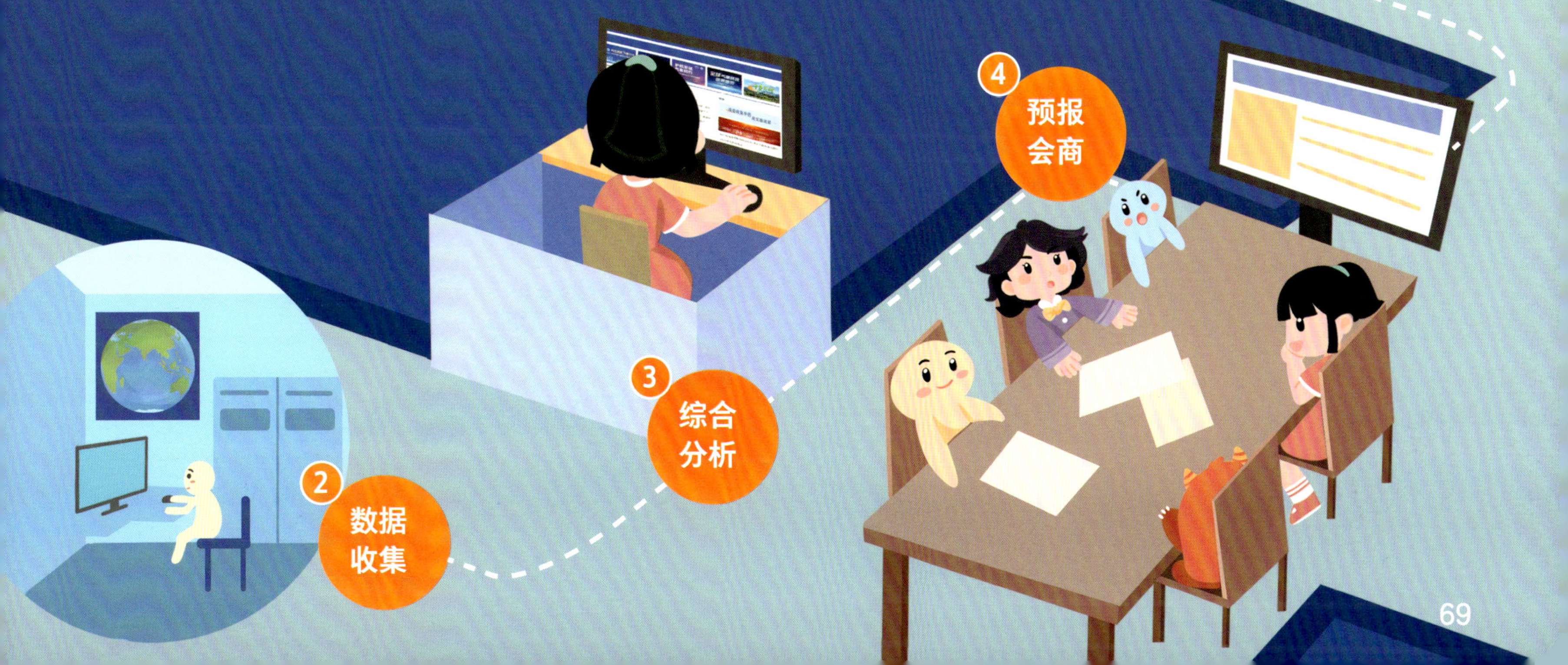

④ 预报
会商

③ 综合
分析

② 数据
收集

69

第七课
气象服务
一、能源气象服务

风能丰富区

风能较丰富区

风能可利用区

风能欠缺区

南海诸岛

在气象观测、气象预报的基础上，气象部门针对人们生产生活各领域提供气象服务。

气象服务包含哪些方面？

包括能源气象服务、农业气象服务、人工影响天气、旅游气象服务等。能源气象服务以风能、太阳能为服务重点。

能源气象服务

能源气象服务是指面向能源产业，利用专业的气象探测和预报技术，为能源的开发利用提供气象服务。

‖我国风能分布特点及其形成原因

我国东南沿海及其岛屿风能资源丰富，西北内陆也有两大风能资源富集区。这是因为东南沿海地区海陆热力差异大，冬夏季风力强；海洋摩擦力小，阻力小，且沿海地区相对缺少高山阻挡，白天和夜晚都有海陆风，风力强；夏秋季台风较多，形成了丰富的风能资源。在西北内陆，大部分地区地处高原，地势平坦，风受阻小，特别是冬季受西伯利亚高压影响，盛行西北风，因此风能丰富。

风能

风能是地球表面空气流动所形成的动能。风力发电是把风的动能转为电能。

太阳能

　　太阳能一般是指太阳光以电磁波形式到达地球的能量，在现代一般用作发电。太阳辐射到地球大气层的能量仅为其总辐射能量的 22 亿分之一，但已高达 173000 太瓦，也就是说太阳每秒钟照射到地球上的能量相当于 500 万吨煤，每秒照射到地球的能量为 1.465×10^{14} 焦。

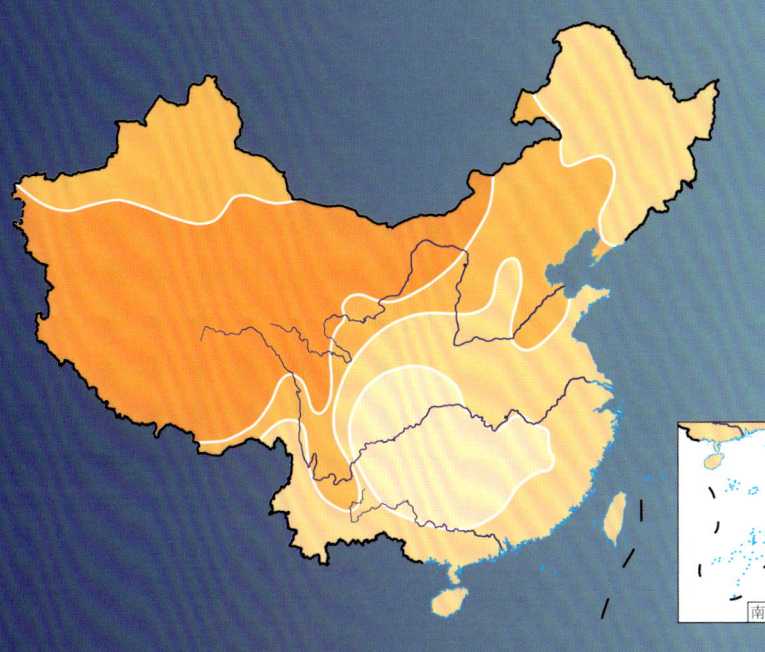

 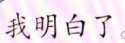
太阳能丰富区　　太阳能较丰富区

太阳能可利用区　　太阳能贫乏区

‖我国太阳能分布特点及其形成原因

　　我国太阳能总辐射资源丰富，总体呈现西部地区大于中东部地区、高原少雨干燥地区大、平原多雨地区小的特点。其中，青藏高原太阳能最为丰富，四川盆地资源相对较少。这是因为青藏高原海拔高，大气稀薄，大气的削弱作用弱；其相对靠近赤道，纬度低，太阳高度角大，太阳辐射强；同时有喜马拉雅山脉阻隔印度洋的水汽，晴天多，日照时间长，太阳能资源丰富。四川盆地气候温润，空气湿度大，盆地地形不利于水汽的扩散，云雾多，日照时间短，日照强度弱，太阳能资源贫乏。

姐姐，开发利用太阳能需要什么气象服务呢？

我明白了。

在太阳能（光伏）发电方面，需要长期对特定地点在不同季节的日照时间、日照强度等进行观测和研究，确保正确选择。在光伏电场运营后，需要对相关日照指数、气象灾害进行精密监测与预报，以确保电场稳定运营。

二、农业气象服务

农业气象服务重点

农业气象服务，重点包括农村的山洪、滑坡泥石流、雷电、大风等气象及其次生灾害防御工作，农业气象灾害监测、预报、预警和评估，农业灾害性、关键性天气预报和各种农用天气预报，对畜牧业、林业和渔业的气象服务等。

‖ 我国农业分布特点

我国农业分布特点为"东耕西牧，南稻北麦"。南方降水丰富，属水稻集中产区；北方降水少，属小麦集中产区；东部地少人多，农耕面积较广；西部地广人稀，牧区资源丰富。

西北方干旱灌溉农牧业区

北方旱作农业区

青藏高原高寒牧区

南方水田农业区

南海诸岛

气象为农服务具体是指服务哪些方面呢？

你们看，那是农业气象站，它能使气象为农服务更具有针对性和指导性。

农业气象服务的内容包括气象信息服务、气象灾害预测预警服务、农业气象技术指导服务和决策支撑服务等。

‖影响我国农业的主要自然条件

温度 温度是影响农作物生长的主要气象条件。高温天气会改变农作物土壤和周围空气中的水分含量，降低农作物的二氧化碳吸收量，影响其光合作用、呼吸作用和蒸腾作用的速率，最终影响其产量。在低温天气下，小麦、水稻等农作物则会面临冻伤的可能，尤其是抽穗期、灌浆期的农作物，很容易遭受低温冻害。

水资源 水资源主要包括地表水、大气水、土壤水等，而农作物主要的水资源来源为大气降水。干旱会导致农作物的根部无法吸收足够的水分进行光合作用，能量积累量降低，且会加速蒸腾作用，导致农作物失水萎蔫甚至死亡。

日照 植物在生长过程中需要进行光合作用，而影响光合作用的主要因素就是日照条件，因此，日照能够对农作物的生长产生影响。日照不足可能导致农作物光合作用下降，作物积累的养分减少，发育受阻，病虫害增多，最终导致作物减产。

水资源

日照

温度

三、人工影响天气

人影作业

人工影响天气（简称"人影"）是指为避免或者减轻气象灾害，合理利用气候资源，在适当条件下通过科技手段对局部大气的物理过程进行人工影响，实现增雨（雪）、防雹、消雨、消雾、防霜冻等目的的活动。人工影响天气在农业抗旱减灾、河流水库蓄水、机场公路消雾、森林草原灭火、改善生态环境、重大活动保障等方面发挥着积极作用，其服务领域随着经济社会发展与防灾减灾需求逐渐拓展，如高山增雪、净化空气、城市降温等。

人工增雨

人工增雨是在适当的天气条件下，通过人工干预的方式，影响云的微物理过程，从而达到增加地面降水的目的。人工增雨的方式或是向过冷云中撒播人工催化剂（干冰或碘化银等），或是向暖云中撒播盐粉等作为凝结核，也可利用声波、飞秒激光、带电粒子等手段，促进水汽凝结、云滴碰并增长等云雨转化过程，形成降水落到地面。

人工防雹

人工防雹是指采用人为方法对一个地区上空可能产生冰雹的云层施加影响，使云中冰雹胚胎不能发展成冰雹，或者使小冰粒在变成大的冰雹之前就降落地面。作为冰雹防御的重要手段之一，人工防雹作业可以有效避免和减轻冰雹灾害，对防灾减灾有着积极的作用。

‖人工影响天气的作业方式

人工影响天气常用的作业方式有飞机、火箭、高炮和地面烟炉。

飞机：飞机适合于针对层状可降水云系的连续增雨作业，用安装有多种撒播装置的飞机将催化剂直接播入云中，还可装载探测仪器对作业前后云的宏微观状态变化进行追踪监测。此法机动性强，携载能力大，可来回飞行，催化作业面积大，增雨效果好。

火箭：利用火箭发射架向空中发射含有催化剂的火箭弹，火箭弹在到达七八千米高空的云中预定位置以后，催化剂被自动点燃，随着火箭弹飞行沿途燃烧，随风扩散。

高炮：高炮主要用于强对流云防雹作业，利用高炮向空中发射含有催化剂的炮弹，炮弹在五六千米高空的云中爆炸，把催化剂撒播在目标云中，同时爆炸产生的冲击震动也起到一定的防雹作用。

地面烟炉：地面烟炉常用于山区地形云的作业，将其设置在迎风坡面，燃烧含催化剂的焰条，通过上升气流将人工冰核送入云中。

①在过冷云中通过作业设备向云中撒播碘化银成冰剂或者干冰、液态氮等制冷剂。

②产生大量的人工冰核，冰核转化成冰晶，冰晶吸附水汽碰并增长。

③当冰晶增长到一定程度就会降落，进入暖区融化成为雨滴，从而引发云层降水或增大降水强度。

四、旅游气象服务

旅游气象服务是面向旅游产业，利用专业气象预报技术、平台和方法，针对不同旅游景区特点，开发出各种旅游气象信息服务产品，为各种旅游活动、旅游防灾减灾、旅游资源开发利用提供气象服务。

彩虹

太阳光照射到半空中的水滴，光线被折射和反射，在天空上形成拱形的七彩光谱，由外圈至内圈呈红、橙、黄、绿、蓝、靛、紫七种颜色。事实上彩虹有无数种颜色，为了简便起见，只用七种颜色作为区别。

彩霞真美啊。这是一种光现象吧？

是的，光现象包括虹霞、极光、佛光等，有些只能在特殊的时间和地点才能看到。这些神奇的自然现象和气候景观吸引了很多游客，旅游气象服务也就应运而生。

极光

极光是地球周围一种大规模放电的过程。来自太阳的带电粒子到达地球附近，地球磁场迫使其中一部分沿着磁场线集中到南、北两极，进入极地的高层大气时，与大气中的原子和分子碰撞并激发，产生光芒，形成极光。极光经常出现的地方是在南、北纬67°附近的两个环带状区域内，阿拉斯加的费尔班一年之中有超过200天的极光现象，因此被称为"北极光首都"。

彩霞

日出和日落时分，太阳光要通过较厚的大气层才能照射到地平线附近的空中。阳光通过大气层时，波长较短的紫色光和蓝色光，发生的散射最强，到达地平线上空时所剩无几，余下的只有波长较长的红、橙、黄色光线。这几种光线经地平线上空的空气分子、水汽和尘埃的散射后，就产生了彩霞。

佛光

佛光是一种非常特殊的自然物理现象，其本质是太阳自观赏者的身后，将人影投射到观赏者面前的云彩之上，云彩中的细小冰晶与水滴形成独特的圆圈形彩虹，人影正在其中。佛光的出现要阳光、地形和云海等众多自然因素的结合，只有在极少数具备了以上条件的地方才可欣赏到。

旅游气象服务重点

从天气对人们旅游、出行的影响考虑，提供旅游城市和著名景点天气预报，提供旅游城市和景点的交通沿线天气预报，方便公众旅游出行计划安排；根据灾害发生情况和天气适宜程度，提供全国旅游适宜落区图和适宜旅游的季节等信息，方便用户迅速、直观地发现适宜旅游的地区；参与地方旅游规划和气候风险评估等。

气候变化与低碳生活

一、人类活动对气候的影响

人类影响气候的途径

人类活动对气候影响的途径主要有两种：

一是在工业生产和生活中排放到大气的温室气体和各类污染物质，改变了大气的化学组成。其中温室气体是指在大气中任何能吸收和释放红外线辐射给地球保温，并使地球变暖的气体。

二是在发展经济、农牧业生产和其他活动中改变了地球表面的性质，如城市化、森林和草原植被的破坏、海洋石油污染等，对气候产生了巨大影响。

温室效应

为什么地球会变暖？很简单，收支不平衡。好比存钱，"地球银行"获得的收入（热量）大于花费（辐射出去的能量），温度就升高了。在晴空地区，大部分太阳短波辐射可以透过大气而被地表所吸收，但地表发射的大部分长波辐射却被大气中的二氧化碳等温室气体所吸收，而又有一部分由大气以长波的形式发射回地面，导致辐射出去的能量降低，从而导致大气变暖。

人类能够认识和利用气象规律，进行气象观测、预报和服务，保障生产生活，真是了不起！

为什么地球气候会变化？

30%
反射

5%
逸出大气层

太阳辐射

20%
被大气吸收

50%
被地表吸收

再辐射热

95%
大气层中存在多种温室气体（二氧化碳、甲烷等）阻止再辐射热透过大气层

地球

‖人类排放温室气体对气候的影响

　　人类活动对大气的影响主要表现在增加了大气中的二氧化碳、气溶胶、水汽含量及其他微量气体含量。

　　气溶胶是悬浮在大气中的固态粒子或液态小滴物质的统称。人类活动导致大气中气溶胶浓度不断增大，大气透明度随之下降，导致雾-霾天气增多。

　　与制冷工业有关的氟利昂等气体的排放破坏了臭氧层，使人类面临紫外线辐射增加的危害。

‖植被破坏对气候的影响

　　地表植被的破坏对于气候的变化具有非常大的影响。地表植被可以影响到地表的发射率和湿度，从而影响水平衡以及温度的变化。大量的植被被破坏，导致地表温度升高，季风性气候减弱，降水减少，从而加剧了部分地区的干旱。尤其是植被破坏严重的地区，气候条件更加恶劣。大量砍伐森林、垦荒种地、过度放牧，使土壤荒漠化和沙漠化，大量沙尘被吹离地面，就会形成沙尘暴。

二、全球气候异常

今日平静

气候异常的主要表现

气候异常是指在最近完整的 30 年气象资料中未出现过的罕见气候现象，或某个地区出现了 30~50 年甚至 100 年之内只出现过一两次的那种罕见气候现象。

厄尔尼诺

厄尔尼诺是赤道太平洋冷水域中海水温度异常升高的现象，平均每 2~7 年发生一次，通常持续 9~12 个月。这是一种自然发生的气候形态，与热带太平洋中部和东部的海洋表面温度变暖有关，人类活动造成的气候变化也是其发生的背景。

‖厄尔尼诺的影响

一般情况下，在厄尔尼诺年，南美沿海岸国家易遭受暴雨洪涝灾害，而印度尼西亚、澳大利亚东部、非洲东南部等地易出现干旱。如果厄尔尼诺长时间维持，还会造成巴西东北部出现干旱、北美出现暖冬等。对我国来说，厄尔尼诺事件发生当年，南方秋季多雨，北方冬季易出现暖冬，次年夏季，长江流域和江南地区易出现洪涝。值得注意的是，我国气候在很大程度上受到海洋和陆面因素的影响，厄尔尼诺并非唯一影响因素。

正常

暖水

暖水

变温层

冷水

通常什么情况下会出现气候异常呢？

气候异常的主要"信号"是厄尔尼诺事件和拉尼娜事件的发生。

工作日

工作方向

冷水

今日亢奋

拉尼娜

拉尼娜与厄尔尼诺相反，也称为"反厄尔尼诺"，它是指赤道中东太平洋海表温度大范围持续异常偏冷的现象，同时也伴随着全球性气候异常，总是出现在厄尔尼诺事件之后，但并不是每次厄尔尼诺事件之后都会出现拉尼娜事件。

‖拉尼娜的影响

拉尼娜对全球气候的影响与厄尔尼诺有所不同。在拉尼娜发生时，南美沿岸附近地区降水稀少，而印度尼西亚、澳大利亚东部则多雨。对我国而言，一般情况下，发生拉尼娜事件后，夏季，主雨带会偏北，导致华北到河套一带多雨，南方降水偏少；秋季，北方降水易偏多，出现秋汛的可能性大。冬季，华北北部、东北南部、华南大部、西南地区东部和北部、西北地区大部等地气温较常年同期易偏低，出现冷冬的可能性较大。

‖厄尔尼诺现象的成因

①赤道两侧的盛行信风会把东太平洋的表层暖水吹向西太平洋，从而在西边形成一个暖池，在东边形成一个冷舌。东边为了补偿表层海水的缺失，深处的冷水会向上补充，从而形成西暖东冷的局面。

①信风出于某种原因突然且持续减弱，向西输送的暖水变少。

②暖水集中在中东太平洋，温暖的水域和对流云向东转移。

②西太平洋温暖水域的空气受热膨胀上升，导致对流云形成。

厄尔尼诺

③沃克环流的范围向东收缩，并导致信风进一步减弱，引发厄尔尼诺现象。

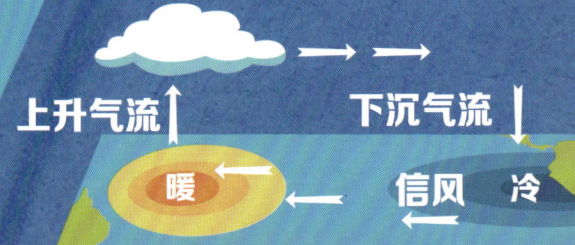

③东太平洋寒冷水域的空气受冷收缩下沉，组成了一个海洋—大气相互作用的环流圈，称为"沃克环流"。

‖拉尼娜现象的成因

①当信风持续加强时，赤道太平洋东侧表面暖水被刮走。

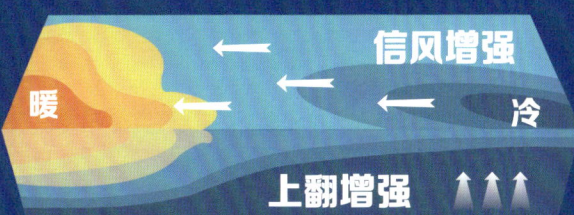

②深层的冷水上翻现象更为剧烈，海表温度异常偏低。

拉尼娜

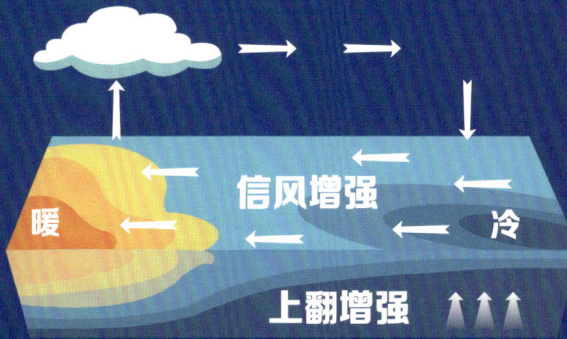

③沃克环流被大幅增强，引发拉尼娜现象。

气候异常的影响

奇奇，你看，以前的冰川现在都融化了。

是的，目前气候的异常变化引起了海平面上升、物种灭绝加速、粮食减产、极端天气增多、能源紧张等问题。

这也是气候变化导致的吗？

‖ 影响粮食生产

干旱或洪涝危害农牧业生产，酸雨令农作物大幅减产，全球变暖增加了病虫、害虫的存活时间，影响了喜低温作物的生长并加剧了水资源的消耗。

‖ 极端天气气候事件增多

大气不稳定容易产生对流上升运动，导致极端天气气候事件增多。同时，温室效应使海水温度升高，形成台风的可能性增大。

‖海平面上升

　　全球变暖导致海平面上升主要有两方面原因，一方面是由于冰川融化增加，另一方面是由于海水的"热胀冷缩"，全球变暖导致海水体积膨胀。现在，冰川融化所占比例更大，而且这一比例只会增大。

现海平面

原海平面

‖海平面上升的影响

　　海平面上升带来的影响主要体现在沿海陆地面积减小，侵蚀海岸，严重影响滨海湿地、沼泽和珊瑚礁岛屿。海平面上升还将通过盐水侵入地下水资源，进一步使土地盐碱化，导致沿海地区淡水匮乏。

‖威胁生物多样性

　　气候变化影响到生态系统结构与功能、生态系统完整性、物种物候、物种分布以及种群大小与种间关系，对生物多样性构成严重威胁，甚至加速物种灭绝。

‖能源紧张

　　在全球变暖的气候背景下，极端高温天气将成为世界气候的新常态。高温天气使额外电力需求增加，影响发电站运转，常常带来地区性的能源紧张，并持续影响全球各地经济社会的正常运行。

三、低碳生活

‖排放温室气体的人类活动

　　排放温室气体的人类活动有很多，所有的化石能源燃烧活动会排放二氧化碳，化石能源开采过程中的煤炭瓦斯、天然气泄漏会排放二氧化碳和甲烷，水泥、石灰等工业生产过程会排放二氧化碳，水稻田、牛羊等动物消化过程会排放甲烷。并且，土地利用变化会减少对二氧化碳的吸收。

　　人类活动所产生的温室气体主要有 6 种：二氧化碳、甲烷、氧化亚氮、氢氟碳化合物、全氟碳化合物、六氟化硫。对气候变化影响最大的是二氧化碳，二氧化碳一旦排放到大气中，最长可存在 200 年时间。

谢谢你，小嘉，我的地球旅行很开心，希望人类可以好好保护地球，我还会再来的。

谢谢你，奇奇，通过这次旅行，我也学到了很多知识，期待我们下次再见。

低碳生活方式

"光盘行动"：每个家庭每月少浪费1斤（500克）粮食，全国每年可减排二氧化碳近300万吨。

绿色出行：每辆私家车每月少开1天，全国每年可减排二氧化碳近2000万吨。

节能减排：控制空调温度，并做到人走随关；减少照明电耗，做到"顺手关灯、轻松节能"；抓好节水管理，杜绝长流水。

垃圾分类：将垃圾按照可回收物、厨余垃圾、有害垃圾和其他垃圾进行分类处理。

可回收物　厨余垃圾　有害垃圾　其他垃圾

低碳行动是我们应对气候变化、保护环境的重要措施。

你们家也在低碳生活吗？

是啊，我们家现在不浪费食物，远途出行多乘坐公共交通工具，短途一般骑自行车或步行，平常节水节电，对垃圾进行分类处理。低碳生活方式现在越来越普遍了。

低碳发展方式

"低碳"与"发展"的有机结合，一方面要降低二氧化碳排放，另一方面要实现经济社会发展。在发展过程中要调整以煤为主的能源消费结构，高度重视可再生能源、新能源等无碳或低碳能源的发展，促进能源结构的优化，力争走出一条不同于以高能耗、高污染为代价的传统发展路子，实现减排与发展的双赢。